기독교강요란 어떤 책인가?

기독교강요란 어떤 책인가?

와타나베 노부오(渡辺信夫) 지음
이상규 · 임부경 옮김

SFC

차례

역자서문　7
서문　11

제1장 『기독교강요』의 체계　13

1. 카테키즘으로부터의 출발 2. 카테키즘의 도입부 3.『기독교강요』 초판에 루터의 영향이 있었는가? 4. 기독교적 자유 5. 최종판으로의 여정 6.『로키』의 방법과의 비교 7. 사도적 신앙 계승의 중시 8. 프랑소와 1세에 대한 편지 9.『기독교강요』를 읽는 역사

제2장 칼빈의 정신세계　53

1. 칼빈의 정신세계를 탐구한 이유 2. 칼빈연구의 편력 3. 16세기의 휴머니즘 4. 휴머니즘과 복음적 신앙 5. 생애를 건 연구 6. 휴머니즘의 한계 7. 성경의 세계로 8. 현실에로의 참여 9. 헤브라이카의 세계

제3장 『기독교강요』 제1편 : 창조주 하나님　97

1. 도입부, 신인식과 자기인식 2. 가르치는 순서 3. 인간의 종교성 4. 성경에 의한 하나님 인식 5. 신 존재 6. 삼위일체 7. 창조주 하나님, 천사의 창조, 인간의 창조 8. 자유의지의 문제 9. 섭리론

제4장 『기독교강요』 제2편 : 중보자　129

1. 약속된 그리스도, 이 땅에 오신 그리스도 2. 인간의 타락에서 설명이 시작됨 3. 율법의 해석 4. 율법과 복음의 공통점과 차이점 5. 율법의 3가지 용법 6. 칼케돈 기독론 7. 그리스도의 직무, 일, 그 일회성 8. 그리스도의 삼중직, 선지자직 9. 왕권 10. 제사장직, 죽음과 부활, 승천, 재림

제5장 『기독교강요』 제3편 : 그리스도와의 교제　161

1. 성령에 의한 그리스도와의 교제 2. 신앙에 대하여 3. 회개 4. 그리스도인의 생활 5. 이신득의(以信得義) 6. 그리스도인의 자유 7. 기도 8. 영원한 예정 9. 마지막 부활

제6장 『기독교강요』 제4편 :
　　　그리스도와의 교제의 외적유지, 교회론　197

1. 외적 수단을 포함하는 교회 2. 교회의 직무 3. 직무의 다양성 4. 설교직 5. 장로직, 집사직 6. 교회의 권위 7. 성례전 8. 시민 사회의 질서

부록_ 질의 응답　229
　　　저자후기　247

역자서문

이 책은 일본의 저명한 칼빈연구가인 와타나베 노부오(渡辺信夫) 박사의 『カルヴァンの'キリト教綱要'についてス』를 번역한 것이다. 저자가 1997년 일본 고베개혁파신학교에서 행했던 특별강의 원고를 중심으로 엮은 이 책은, 칼빈과 그의 『기독교강요』를 간명하게 해설한 작품이다. 수년 전 나는 흐레이프(Wulfert de Greef)의 『칼빈의 저작들』(*The Writings of John Calvin*)이란 책을 읽으면서 혹시 『기독교강요』만을 간명하게 정리한 책은 없을까 하고 생각하던 차에 와타나베 박사의 이 책을 접하게 되었다. 비록 체계적으로 일본어를 공부하지는 못했지만, 책의 내용이 좋아서 여러 사람의 도움을 받으면서 이 책을 읽게 되었고, 더불어 나 자신의 공부를 위해서 이 책의 대략을 정리하기 시작했다. 아마도 책의 분량이 많지 않았기 때문에 이런 무모한 욕심이 가능했는지도 모른다. 어쨌든 이것이 이 책을 옮기게 된 동기가 되었다. 물론 이것은 전적

으로 나만의 수고의 결과는 아니다. 하지만 이 원고만큼은 다 내 손으로 입력시켰다. 이렇듯 노학자의 사상을 알기 위한 나의 노력이 예상치도 못한 일본어 책을 우리글로 옮기게 될 줄은 꿈에도 생각하지 못한 일이었다. 이 책을 읽으면서 여러 사람의 도움을 받았지만, 특히 초역하는 일에 있어 임부경 선생의 도움을 많이 받았다. 내가 대강 정리한 원고를 임부경 선생이 다시 자구적으로 검토했고, 그 원고를 내가 다시 읽고 내용을 검토하였다. 그럼에도 불구하고 번역에 오류가 있다면, 그것은 전적으로 내 책임이다.

이 책은 칼빈과 그의 『기독교강요』에 대한 간명한 해설서로서, 칼빈의 정신세계, 『기독교강요』의 내용과 구성, 체계와 사상이 잘 정리되어 있다. 50년이 넘는 기간 동안 오직 한 길 칼빈연구에 일생을 바친 저자의 학문적 결정을 이해해보겠다는 생각으로 책을 접했지만, 내게는 분명 과욕이었음에 틀림없다. 본의 아닌 오역 때문에 저자의 견해를 바로 옮기지 못할 수도 있다는 생각에서 두려움이 앞서지만, 그럼에도 이것이 『기독교강요』에 관심을 가진 이들에게 좋은 안내가 되리라고 믿는다.

이 번역에서 특별한 용어나 고유명사의 경우, 한자나 라틴어 혹은 헬라어를 병기한 곳이 있다. 저자의 원서에는 없는 것이지만, 독자들의 편의를 위해 내가 삽입한 것이다. 표현에 있어서도 이해하기 어려운 일본적 표현은 한국식으로 고쳤고, 내용 전달을 위해 의역한 부분도 없지 않다. 그러나 어떤 경우에라도 저자의 생각이 왜곡되지 않도록 최선을 다했다.

내가 이 책의 저자인 와타나베 박사를 처음 만났던 때는 1997년 4월이었다. 주기철기념사업회가 주최한 '주기철기념강좌'가 연세대학교 루스채플에서 개최되었는데, 그때 발제자의 한사람이었던 나는 그와 함께 부산으로 내려오면서 대화하게 되었고, 곧 나는 그가 겸손한 학자이자 건실한 목회자이시고, 양심적인 지식인이라는 사실을 알게 되었다. 그 후 나는 여러 차례 일본의 대학이나 신학교에서 강연할 기회를 가졌고, 또 와타나베 박사와 접촉하며 그의 강연을 들을 기회도 가졌다. 나는 그와의 만남을 하나님께 감사하고 있다. 그 와중에서 나는 이 책과 그의 저서들, 그리고 그가 라틴어에서 일역(日譯)한 『기독교강요』를 접하게 되었다. 이런 점에서 이 책은 우선 나에게 특별한 의미를 지닌다.

이 책은 지난 2000년 5월 고신대학교 출판부를 통해 간행한 바 있으나, 대학출판부라는 한계 때문에 책이 제대로 소개

되지 못한 감이 없지 않다. 그래서 칼빈 탄생 500주년을 맞이한 지금의 시점에서 이 책을 재출판할 필요가 있다고 판단되어 기존의 번역을 수정하고, SFC 출판부를 통해 다시 선을 보이게 되었다. 이 책을 기꺼이 출판해 주신 SFC 출판부의 이의현 목사님과 관계자들에게 깊은 감사를 드린다. 이 책이 칼빈이 누구이며, 또 그의 『기독교강요』가 어떤 종류의 책인가를 알고자 하는 이들에게 작은 안내가 될 수 있다면, 저자나 역자들에게 더 없는 기쁨이 될 것이다.

2009년 5월

이상규

서문

 고베개혁파신학교는 최근 10년 동안 계속해 공개강의를 개최해 왔다. 이것은 물론 본교 신학생을 대상으로 하고 있지만, 더불어 목회 현장에서 일하는 목회자들의 연구에 도움을 주는 것도 목적으로 하고 있다. 특별 공개강의는 보통 3일간의 집중강의 형태로 실시되고 있는데, 강사는 지금까지 개혁파교회 내부에서뿐만 아니라 외부에서도 폭넓게 요청해 왔다.

 금년 특별 공개강의(1997년 9월 30일-10월 2일)에는, 칼빈연구가로 저명한 일본기독교단 동경고백교회의 와타나베 목사님을 강사로 모셨다. 와타나베 목사님은 '칼빈의 『기독교강요』에 대하여'라는 주제 아래 『기독교강요』에 대해서 포괄적인 해설을 해 주셨다. 강의 내용은 목사님의 긴 세월에 걸친 칼빈연구와 그의 신앙과 신학이 일체화된 귀중한 내용이었다. 강의를 청강하신 신학생들은 자신의 신앙과 신학에 대한 자세를 깊이 돌아보게 되었을 것이다. 청강한 분 중에는 여러 신자들도 다수 포함되어 있었는데, 그 중에는 자리에 계속 앉아 있는 것 자체가 무모해 보이던 와병중인 분도 계셨다. 그 분은 이번 강의가 문자 그대로 자신에게 삶에 대한 위로와 희망과 힘을 주었다고 하셨다. 이것은 금번 강의가 어떤 성질을 갖춘 강의였는가를 명확하게 제시하는 하나의 증거였다.

강의 종료 후 이번 강의 내용을 모두 출판했으면 하는 요청이 있어서 그 일을 와타나베 박사님께 말씀드렸을 때 흔쾌히 허락해 주셨다. 그래서 고베개혁파신학교는 이번 강의 내용을 '칼빈과 칼빈주의' 연구서 시리즈의 제1권으로 출판하기로 결정했다. 본서의 출판을 계기로 앞으로 연구 시리즈를 계속 출판할 수 있도록 노력하고자 한다. 출판을 위해 보다 완전한 원고를 허락해 주신 와타나베 박사님께 깊이 감사드리고, 더불어 본서가 일본 기독교회와 형제자매들에게 유용하게 쓰일 수 있기를 마음속으로부터 기도한다.

1998년 4월

마끼타(牧田吉和)

고베개혁파신학교 교장

제1장 『기독교강요』의 체계

1. 카테키즘으로부터의 출발 2. 카테키즘의 도입부 3. 『기독교강요』 초판에 루터의 영향이 있었는가? 4. 기독교적 자유 5. 최종판으로의 여정 6. 『로키』의 방법과의 비교 7. 사도적 신앙 계승의 중시 8. 프랑소와 1세에 대한 편지 9. 『기독교강요』를 읽는 역사

1. 카테키즘으로부터의 출발

『기독교강요』 최종판은 전체 4권으로 구성되어 있다. 일본에서는 나까야마(中山昌樹)가 『기독교강요』를 역간한 이래로 '권'(卷)을 '편'(編)으로 해석하고 있는데, 이 글에서는 '권'과 '편'을 혼용했다. 다소 혼란이 있을 줄 아나 양해해 주기 바란다. 『기독교강요』의 각 권은 많은 장(章)으로 구성되어 있는데, 각 권의 큰 주제는 다음과 같다.

1. 창조주 하나님에 대하여
2. 구속주 하나님에 대하여
3. 성령에 대하여
4. 교회에 대하여

후에 좀 더 자세하게 설명하겠지만, 『기독교강요』가 처음부터 이렇게 구성되었던 것은 아니다. 이 점에 대해 먼저 이야기해 보고자 한다. 판을 개정할 때마다 증보가 이루어졌을 뿐 아니라, 논술의 순서도 바뀌는 경우가 있었다. 이 같은 구성의 변화를 통해서도 칼빈신학의 발전과정을 읽을 수 있다

고 생각한다. 그러면 초판은 어떠했을까? 초판은 일본어로도 번역이 되었는데(久米あつみ 역), 권(卷)으로 나누어져 있지 않고, 여섯 개의 장(章)으로 된 한 권의 책이었다. 그 장의 표제는 다음과 같았다.

1. 율법에 대하여
2. 신앙에 대하여
3. 기도에 대하여
4. 성례전에 대하여
5. 거짓 성례전에 대하여
6. 기독교적 자유와 교회의 권능과 정치적 통치에 대하여

이후의 판에서는 구성이 달라졌는데, 그 구성의 변화를 논하기 전에 '강요'라는 책의 목적과 성격이 무엇인지를 확실하게 하지 않으면 안 된다. 칼빈은 체계적 신학서를 세상에 제시하려는 사명감이나 자부심을 가지고 『기독교강요』를 쓴 것이 아니었다. 결과적으로는 개신교 최고의 체계적 신학서라는 평가를 받고 있는 것이 사실이지만, 처음부터 이런 평가를 받기 위해 이 책을 쓰기 시작한 것은 아니었다. 그가 생각

한 것은 단지 '교리의 요약' [숨마 독트리나에(Summa doctrinae), 혹은 그냥 숨마 (Summa)라고도 한다]이었고, 이 점이 1539년 프랑스어판 및 그 이후의 프랑스어판 머리말에 쓰여 있다. 교리의 요약은 '카테키즘'(Catechism)이란 것이다. 그런데 당시 기독교강요로 번역된 '인스티튜티오'(Institutio)라는 말이 '카데키즘'과 동의어로 사용되었다.

여기서 '교리의 요약'이라는 단어에 대해서 설명해 두고자 한다. '요약'이라고 번역된 '숨마'는 '전체'라는 의미도 있기 때문에, '요약'이라는 번역으로는 조금 불충분하다. 요약된 전체로 파악해야지 요약 그 자체는 아니란 말이다. 물론 아무 것이나 포함되어 있는 전체를 의미하는 것은 아니다. 그보다는 중요한 사항은 빠진 것이 없지만, 전체는 너무 광대하기 때문에 적은 분량으로 요약한 것이다. 이와 같은 책의 의의에 대해서 칼빈은 앞에서 말한 프랑스어판의 개요에서 다음과 같이 말했다.

…… 성경은 완벽한 가르침이므로 아무 것도 덧붙일 수 없다. 우리의 주님은 이 책 안에 이른바 자신의 무진장한 보석을 펼쳐 놓으신 것이다. 그럼에도 올바른 훈련을 받지 않은 자가 이

책에서 무엇을 찾아야 하는지를 알기 위해서는, 어떤 길로 방향을 설정해 주느냐가 중요하다. 즉 여기저기 곁길로 빗나가지 않고, 분명한 이치를 더듬어 성령이 부르시는 목적지에 도달하기 위해서는 방향설정이 필요하다. 따라서 다른 사람들보다 하나님으로부터 풍성한 빛을 받은 자들의 의무는 세상 사람들을 돕는데 있다. 말하자면, 사람의 손을 빌려 사람들을 인도하시고 하나님의 말씀으로 우리를 가르치시려는 가르침의 요지를 파악하게 하는 것이다. 그런데 그 일을 성경에 의해 수행하려 할 때, 기독교 철학이 가진 여러 가지 중요한 항목에 대해 논하는 것보다 더 적절히 그것을 완수할 수 있는 것은 없다. 이러한 이해를 갖춘 자는 신학교에서 다른 사람이 3개월 걸려야 습득할 수 있는 부분을 하루에 다 습득할 준비가 되어 있기 때문이다. 그는 모든 장구(章句)가 귀착되는 것들을 바르게 생각하도록 하는 규준들을 잘 알고 있다. 그래서 구원의 교리를 배우려고 하는 사람들에게 이러한 방법으로 도와주는 것이 실로 요긴하다고 생각했기 때문에, 주님이 주신 능력 안에서 나는 최선을 다했다. 이것이야말로 내가 이 책을 집필한 목적이다.

칼빈의 이 말을 다시 설명하면 다음과 같다. 즉 성경은 이른바 산으로 등반을 시작하는 것과 같다. 그런데 산에 오를 때 무턱대고 위를 향해서 돌진한다면 좋을 리가 없다. 길이 없으면 지도를 보면서 올라가야 한다. 설령 길이 있다고 해도 지도를 참고해서 올라가야 한다. 이처럼 지도는 꼭 필요하다. 그 산에 처음으로 등반한 사람에게는 지도가 없지만, 경험을 쌓으면 산의 구조에 대한 이해가 생겨서 그것으로 지도가 만들어진다. 그러면 다음 사람들은 그 지도를 이용할 수 있게 된다. 성경에서 하나님의 말씀을 들을 때, 등산의 지도에 해당하는 것이 바로 '숨마'(Summa)이다. 지도를 알고 산에 올랐다고 해서 그 산이 지도와 똑같다고 생각할 수 없듯이, 숨마를 알았다고 성경을 읽을 필요가 없다고 생각해서는 안 된다. 숨마를 터득했다면, 그것에 따라서 성경을 계속 읽어 나가는 생활을 해야 한다.

여기서 설명해 두고 싶은 것은 '강요' 같은 교리체계를 배우는 것과 성경의 뜻을 배우는 것과의 관계이다. 성경에 관한 교리의 요약이 '카테키즘'이라고 해서, '카테키즘'을 배우면 성경을 배우는 것이 된다고 칼빈은 생각하지 않았다. 레이만은 카테키즘을 학습한 후에도 성경의 설명인 설교를 계속 들어야 할 것을 강조했다. 더군다나 신학자는 교리의 원천인 성경을 계속 연구해야만 한다고 했다. 그래서 칼빈 역시 강요 같은 체계적인 책을 썼을 뿐만 아니라 성경주해도 함께 썼다. 그는 성경의 전권에 대해 주해서를 쓰기 원했던 것이 분명하다. 왜냐하면 정경인 성경이 명목으로서만이 아니라, 실제로 교회를 규제하고 지도하는 힘을 발휘해야 했기 때문이다.

제네바 아카데미에서 행했던 그의 신학강좌는 오늘날의 교의학이나 조직신학이 아니라 성경강의였다. 물론 이때는 신학이 학문으로서의 형태로 아직 완성되지 않았던 탓도 있겠지만, 무엇보다 성경을 본문(text)에 따라 공부하는 것이 신학이라고 간주했기 때문이기도 하다.

『기독교강요』 초판의 구성은 카테키즘 그 자체였다. 카테키즘이 종교개혁에 도입된 점에 대해서는 카테키즘에 대해 쓴 칼빈의 저서에 이미 상세하게 서술되어 있기 때문에 여기서 되풀이하지는 않겠다. 믿을 만한 교리의 기초를 가르치는 교재의 필요성을 인식하고, 많은 개혁자가 카테키즘을 쓰게 되어, 1520년대 후반에는 그 내용과 구성이 확정되었다. 그 가운데서도 십계명, 사도신경, 주기도문, 이 세 가지가 가장 중요한 요소였다. 여기에 다시 성례전이 추가된 것은 이것이 신앙고백과 성찬의 준비교육이었기 때문이다. 카테키즘은 신앙문답이 아니라 교리문답으로 쓰인 경우가 많은데, 그렇다고 해서 카테키즘이라는 말에 문답(問答)이라는 의미가 포함된 것은 아니다.

왈도파에서 시작된 초보교육서가 문답체였고, 알트하머(Althamer)의 카테키즘도 문답체의 형태로 보급된 것이 사실이다. 그러나 그것은 표현 형식이 그런 것이었을 뿐이지, 반드시 문답체가 아니면 안 된다고 약속된 바는 없었다. 이런 점에서 루터의 대요리문답, 곧 대카테키즘은 문답체를 받아들이지 않았다. 그러므로 칼빈의 강요 초판이 문답체가 아니었다고 해서 이것이 카테키즘인 것을 부인하는 것은 아니다.

보통 칼빈은 두 가지 카테키즘을 썼다고 말한다(엄밀히 말하면 두 가지가 아니라 축소판을 몇 가지 쓴 것이지만). 그것은 처음으로 제네바에 오자마자 썼던 문답체가 아닌 소위 『신앙입문』(*Instruction et Confession de Foy*)과 스트라스부르크에서 돌아온 후 쓴 문답체인 『제네바교회 신앙문답서』이다. 전자는 거의 『기독교강요』 초판을 요약한 것이라 보아도 무방하다. 따라서 강요를 축소하면 카테키즘이 된다고 생각하기 쉽지만, 그것은 오해일 뿐이다. 축소해서 카테키즘이 된 것이 아니라, 『기독교강요』 초판은 그것 자체로 카테키즘이었다. 여기서 카테키즘에 대한 좀 더 깊은 이해가 필요하다.

카테키즘은 앞에서도 말했듯이, 세 가지 요소를 배열한 것으로 체계적이라고 할 만한 요소가 거의 없다. 다만 나열한 순서가 어떤 것인가에 대해서는 생각해 볼 여지가 있다. 강요는 최종판에 이르러서야 비로소 체계화되었다고 할 수 있다.

2. 카테키즘의 도입부

카테키즘을 작성할 때, 세 요소 곧 십계명, 사도신경, 주기도문 외에도 작성자는 자신의 취향에 따라 도입부를 둘 수 있었다. 역사에 남은 카테키즘은 심사숙고한, 특징있고 매력적인 도입부를 두고 있다. 카테키즘의 본질은 답을 가르치고 기억시키는 것이라고 할 수 있지만, 도입부는 이미 정해진 답을 가르치는 것이 아니라 근본적인 것을 생각하게 하는 재료가 된다. '하이델베르크 신앙문답'과 '웨스트민스터 대·소 요리문답'도 인상적인 도입부를 두고 있음을 우리는 알고 있다.

종교개혁 초기에 만들어진 카테키즘은 대체로 "당신은 무엇입니까?"라는 질문으로 시작해서, "나는 하나님의 이성적 피조물이고, 죽을 수밖에 없는 존재입니다"라든가, "첫 번째 탄생에 의하면, 나는 이성적 피조물입니다. 그러나 새로운 탄생에 의하면, 나는 한 사람의 기독교인입니다"라든가, "나는 한사람의 기독교인이고, 또한 하나님의 아들입니다"라는 답변이 나온다. 이와 같은 형식은 15세기말 북부 이태리의 왈도파에서 만들어진 청소년을 위한 문답서 제1문으로 거슬러 올라간다. 그것이 후일 보헤미아의 후스파에 그대로 전해져 체코어로 번역되었다. 또한 독일어역으로도 1522년 출판되어 독일 개혁자의 주목을 받게 되었다. 이 후 계속 문답서가 만들어져 다양하게 연구되었는데, 그 중 한 가지가 1528년 알트하머(Althamer)에 의해 간행된 것이다. 알트하머가 여기서 '카테키스무스'(Katechismus)라는 명칭을 처음으로 사용함으로 이 명칭이 정착되었다. 그는 이 새로운 용어에 설명을 붙였는데, 곧 "카테키스무라는 것은 인스티튜티오이다"라고 했다.

'인스티튜티오'는 나까야마(中山昌樹)역 이후 '강요'(綱要)라고 번역되었는데, 사실 이것은 정확한 표현이 아니다. 하지만 일본에서는 이미 이 용어가 정착되었기 때문에 고치기 어려울 것으로 보인다. 영어 '인스티튜트'(Institute)에는 '강요'라는 단어가 자아내는 분위기가 강할지도 모르나, '인스티튜티오'는

'교육' 또는 '교정'이라는 의미가 더 강하다. 독일어인 '운테리히트'(Unterricht) 역시 그 의미로 사용됨이 확실하다. 즉 일반적 교육이나 종교적 교육이 아니라, 기본교리의 교육으로서 주로 연소자에 대해 실시하는 교육의 의미로 간주된다.

종교개혁은 고대교회의 재발견이라는 측면이 있다. 그래서 고대 교부연구를 하던 개혁자는 고대교회의 초신자 지도용 카테케시스, 곧 세례준비 교육에 깊은 관심을 가졌다. 여기서 고대의 카테케시스에 관해서 언급하지 않을 수 없는데, 개혁자들은 자신들이 만들어 낸 카테키즘이 고대의 카테케시스의 복원이라고 생각했다(사실 여기에도 잘못 인식된 점이 있지만, 이 점에 대해서는 생략하겠다).

다시 본론으로 돌아가서 이야기해 보자. 대부분의 카테키즘은 곧바로 주제로 들어간다. 곧 모두가 믿고 실천해야 하는 것에 대한 근본원리를 생각하게 하는 문제제기로 시작한다. 이것이 앞에서도 언급한 바 있는 도입부로서, 강요 역시 이 방법을 답습하고 있다. 칼빈의 『기독교강요』 초판 도입부에서는 하나님을 아는 지식과 우리 자신을 아는 지식이 인간에게 있어서 근본적이요 기초적인 지식이며, 나아가 이 두 가지 지식이 밀접한 관계를 가진다고 말하고 있다. 최초의 카테키즘인 『신앙 입문』에서 또한 이 점을 이어 받아 "모든 인간은 하나님을 알기 위해 만들어졌다"라는 도입부를 두고 있다. 물론 이 『신앙 입문』에서는 하나님을 아는 지식과 자기 자신에 대한 지식과의 관계는 취급되고 있지 않다.

카테키즘의 두 번째 도입부는 "인생의 근본목적이 무엇인가?"라는 것인데, 이것 또한 유명한 것으로서 이 도입부는 최종판에 이르기까지 일관되게 나타나고 있다. 오늘날 카테키즘은 신앙의 초보교육이라는 의미로 이해되는 경우가 많다. 그것은 잘못된 이해라고 생각되지는 않지만, 고도의 신학 연구와는 달리 단순하고 통속적인 신앙교육으로 취급하거나, 혹은 고도로 신학을 탐구하는 신학자와는 달리 실험가적인 교리교육자를 의미한다고 생각한다면 정확한 이해가 아니다.

카테키즘은 교리의 요약이다. 그렇다면 교리란 무엇인가? 그것은 하나님의 말씀으로서 성경에 정리된 말씀인데, 그것이 요약되어 체계적으로 제시되고 나아가 교회적으로 확인되는 것이다. 따라서 말씀을 요약해 체계적으로 가르치는 것이야말로 신학자의 임무다. 때문에 신학자는 이른바 학자가 아니며, 사상가는 더더욱 아니다.

교리는 교회적으로 확인된다고 말했는데, 여기서 교회는

모든 민족을 제자로 삼아 아버지와 아들과 성령의 이름으로 세례를 베풀고, 그리스도의 가르침을 지키도록 가르치라는 분부를 받았기 때문에 무엇을 가르칠 것인지를 확실히 해야 한다. 교리의 교회적 확인 절차에 대해서는 『기독교강요』 제4권에 대한 설명에서 언급하게 될 것이다.

"내가 전한 것을 그대로 믿으면 구원을 얻게 될 것이라"고 바울은 고린도전서 15장에서 말하는데, 가르치는 것으로 구원에 이르게 하는 것이 교리이다. 그런데 오늘날 교리에 대한 혐오감이 교회에 상당히 넓게 퍼져가고 있다. 아마도 이렇게 된 이유는, 첫째로 가르치는 일로서 구원에 이르게 된다는 이해에 대한 반발, 혹은 그 반발을 무비판적으로 받아들였기 때문이고, 둘째로는 교리의 중요성을 주장하는 사람들의 이해의 부족, 나아가 용어와 개념의 혼란 때문인 것으로 보인다.

칼빈은 대체로 '독트리나'와 '숨마 독트리나에'를 구별하고 있다. 오늘날의 용어 사용으로 말하자면, '독트리나'는 하나님의 말씀에 가깝고, '숨마 독트리나에'는 교회에 의해 정리되고 가르쳐진 교리에 가깝다고 할 수 있다. 따라서 구원에 관해 가르치는 말씀이 독트리나라면, 그 가르침이 교육의 의무를 띤 자에게 위탁되었는데, 그것을 가르치는 곳이 바로 교회이다. 성도는 이 교회에서 배운 것을 듣고 믿게 되며, 결국 그 믿는 것으로 구원받게 된다. 이처럼 하나님이 주신 구원의 가르침과 교회에 근거한 요약된 가르침, 그리고 신앙에 의한 구원 등의 관련 속에서 독트리나와 독트리나에를 파악해 두는 것이 좋을 것이다.

그런데 가르침에 있어서, "어떻게 능숙하게 가르칠 것인가?" 바울은 고린도전서 2장에서 말의 능숙함에 의지하지 말고, 성령의 힘에 의지해야 한다고 했다. 능숙한 표현으로 가르친다고 해서 반드시 마음속에 새겨지는 것은 아니며, 그것이 가장 효과적인 것도 아니다. 가르치는 사람이 말씀을 기계적으로 전달한다면 좋을 리가 없다. 따라서 택하심과 부르심에 의한 가르치는 직무가 중요하며, 그러한 가르침은 연기의 대본을 받은 배우가 실수 없이 원고를 읽는 것과는 달라야 한다. 주님은 하나의 그릇을 준비하시고, 그것을 통해 교리를 가르치신다. 여기서 그릇은 질그릇이라 불린다. 비록 재질은 흙이지만, 그것은 분명 그릇이요 용기(用器)이다. 따라서 담아야 할 것을 담을 만한 용량이 못되면 안 된다. 전해야 할 것을 전하지 못하면, 용기로서의 가치가 없다. 즉 그릇은 무엇보다도 교리를 빠짐없이 전해야 한다.

주님은 기계를 사용하시지 않고 살아있는 인간을 통해서 가르치시는 것이 낫다고 여기신다. 잘하고 못하고는 묻지 않으신다. 성숙한지 미성숙한지 검토하지 않으신다. 성적이 어느 정도 올랐는지도 계산하시지 않는다. 단지 가르침을 맡은 자가 맡은 자로서 말하고 있는지 아닌지를 점검하실 뿐이다. 즉, 그 자신이 믿고 가르치는지, 구원의 교리내용에 맞게 가르치는지와 같은 질문을 받게 된다. 그래서 교리를 이야기하는 자는 스스로 믿고 또 이해한 후에 가르쳐야 한다. 다시 말하면, 하나님으로부터의 가르침인 성경말씀은, 교회 안에서 교회를 위해 말씀을 섬기는 자로 부름 받은 그릇을 통해서 가르쳐진다. 그 말씀을 통해 하나님의 백성은 성장해 가고, 결국 온전한 구원에 이르게 된다. 성례전이 이 가르치는 설교와 밀접한 관련을 가지고 집행되며, 말씀의 약속을 굳건히 해 준다. 이것이 구원을 이루어 가는 기본인 것이다. 이 기본노선을 따르기 위해 초신자를 교육하는 주어진 말씀은 무엇을 지향하는가? 그것은 초신자가 어떻게 바른 행동을 할 수 있는지에 대한 요점을 가르쳐야 한다. 이 초보 과정이 끝난 자는 신앙고백자로서 거룩한 만찬공동체 속에 들어갈 수 있다. 이 기본적인 확인이 바로 카테키즘의 의미이다.

지금까지 말씀을 듣는 쪽의 입장에서 숨마의 기능을 살펴 보았다. 여기서 숨마는 말씀을 설명할 때의 규준이다. 말하자면 교회의 교리기준인 것이다. 그러므로 말씀을 해명하는 자 또한 이 규범에서 벗어나지 않도록 해야 한다.

3. 『기독교강요』 초판에 루터의 영향이 있었는가?

『기독교강요』 초판의 구성이 루터의 소카테키즘, 곧 소요리문답(Der Kleine Catechismus, 1529년)의 순서와 동일하다는 점이 많은 연구자에 의해 지적되어 왔다. 그렇다면 이것은 『기독교강요』 초판이 루터의 영향 아래 작성된 것임을 보여주는 것일까? 아니면 과거에 내가 주장했듯이, 오히려 칼빈이 루터의 영향에서 서서히 벗어나고 있음을 보여주는 것인가? 여기서 이런 견해가 틀린 것이라고 새삼 강조할 필요는 없겠지만, 칼빈이 루터의 카테키즘을 토대로 해서 『기독교강요』를 썼다고 보는 것은 옳지 않다.

또한 『기독교강요』 초판 이후의 판에서는 배열순서가 초판과 다른데, 이것은 칼빈신학의 골격이 바뀐 것을 보여주는 것인가? 아니다. 그런 판단을 하기에는 어려움이 있다. 처음부터 칼빈은 루터와 다른 독자적인 견해를 가졌기 때문에, 비록 논술의 순서가 바뀌어도 내용은 바뀌지 않은 것으로 보인다. 칼빈이 루터를 존경한 것은 분명하지만, 루터를 모방할 정도로 존경하지는 않았다. 칼빈은 루터와 신학적으로 차이가 있었고, 문화적 배경도 상당히 달랐다(단, 칼빈이 루터의 것을 본보기로 삼아 쓴 것이라고 여겨지는 책이 있는데, 『창세기 주석』이 그것이다). 여담이지만, 독일에서 도입된 신학에는 루터 중심적인 분위기가 농후하다. 일본에서도 그것을 배우는 이들에게는 루터적인 것이 칼빈의 이해에 혼입된 경향이 없지 않다. 나는 이 점을 『기독교강요』의 내용에 대한 각론에서 여러 차례 지적한 적이 있다. 물론 무턱대고 루터적인 것을 배제할 필요는 없지만, 그 차이를 간과해서는 결코 안 된다.

『기독교강요』가 루터의 카테키즘과 구성이 비슷한 것은 『기독교강요』도 카테키즘이었기 때문이다. 루터의 경우가 아니었다 해도 당시의 카테키즘들이 모두 대체로 비슷하게 구성되어 있었다. 따라서 이런 점에서 루터의 영향이 크다고 지적하는 것은 정확하지 않다. 그런데도 여전히 루터와 칼빈 둘 사이의 단어사용의 유사성을 지적하는 경우가 있다. 그러나 실제로 비슷한 단어가 그만큼 많지 않기 때문에, 영향을 논하는 재료로는 불충분하다. 또한 칼빈이 루터의 단어사용에서 영향을 받았다 해도, 그것은 당연한 것으로 특별히 거론할 의미는 없다고 본다.

『기독교강요』 문제에서 조금 벗어나 카테키즘의 구성순서 문제에 대해 생각해 보자. 루터의 카테키즘은 십계명에서 사도신경, 즉 율법에서 복음으로 나아가는 순서로서 루터파의 특징을 보여준다. 루터의 이러한 경향과 일치하는 것이 멜랑히톤의 견해이다. 이 둘의 영향으로 이러한 순서가 루터파의 정석으로 이해되기에 이르렀다. 즉 멜랑히톤의 신학적 방법이 『로키 코뮤네스』(Loci Communes)에서 나타나고 있는데, 이것은 성경의 내용을 주요개념으로 정리한 것이다. 이 책에서 주요개념의 구성순서는 죄에서 은총으로 진행된다. 따라서 '율법에서 복음으로'가 된다. 좀 더 자세한 소개는 뒤에서 설명하겠다.

그런데 '율법에서 복음으로'가 아니라 '복음에서 율법으로'라는 순서도 있을 수 있다. 이것이 칼빈의 접근방법이었다. 이런 배열을 하는 선례로는 부써(Bucer)의 카테키즘이 있다. 이것 역시 사도신경, 주기도문, 십계명의 순서로 배열된다. 칼빈은 스트라스부르크 시대에 부써의 불어역 카테키즘을 사용하여 프랑스교회에서 가르쳤음이 분명하다. 한 예로, 칼빈이 제네바에 돌아와 즉시 쓴 제2의 카테키즘에서는 복음과 율법의 순서가 부써의 카테키즘과 같게 되어, 복음이 앞이고 그 뒤에 율법이 나온다.

이 변화는 크다고 하면 클 수 있다. 어쨋든 칼빈의 교리체계는 루터파와는 완전히 달랐다. 그러나 논술순서의 차이가 내용에 반영되었는지를 묻는다면, 내용적으로는 크게 변하지 않았다고 할 수 있다. 이것이 칼빈의 체계인데, 부써에게 자극을 받아 칼빈 본래의 체계가 보다 선명히 드러났다고 말할 수 있다.

4. 기독교적 자유

『기독교강요』 초판본의 마지막 장은 〈기독교의 자유에 관하여서〉인데, 이것은 카테키즘으로서의 기본 교리의 범위를 넘어서는 항목이라고 의문을 제기할 수 있다. 물론 기본적이고 일반적인 교리가 아니라는 점에서 이질감을 느낄지도 모른다. 일반적인 카테키즘 속에는 『기독교의 자유』라는 교리 조항이 없는 것이 상례이기 때문이다. 그러나 『기독교강요』가 교리의 범위를 넘어 카테키즘으로 정리했다고는 볼 수 없다(『신앙입문』에는 〈기독교의 자유〉라는 항목은 없지만, 마지막 부분의 여러 항목을 총괄해 볼 경우, 『기독교강요』 초판의 〈기독교적 자유〉 항목과 같은 내용이 된다).

카테키즘에는, 앞서 언급한 것과 같이, 기본적으로 포함해서는 안 되는 요소가 있을 수 있지만, 작성자가 자기 나름대로의 생각을 덧붙이는 것이 보통이다. 칼빈의 경우에는 기독교인의 자유를 중요한 항목으로 보았다. 강요 초판의 제6장 첫머리에서 그는 이렇게 말한다. "이 점(기독교적 자유)에 대한 설명은 복음의 전체를 단축시켜 말할 때에도 결코 생략할 수 없다. 이것은 우선적으로 필요한 것으로, 이 지식을 뺀다면 모든 일을 망설이지 않고, 양심적으로 행동할 수 없게 되고, 자주자주 주저하고, 뒷걸음질치고, 쉽게 바뀌고, 두려워 떨게 될 것이다." 이러한 기독교적 자유를 거론하지 않으면 안 되는 이유가 두 가지 있다.

첫째는 가톨릭의 교회법이 사람들의 양심을 구속하고 있기 때문에 자유를 명확히 해야만 한다. '양심의 자유'라는 말은 당시 많은 사람들을 감동시켰던 경구였다. 옛날 사람들은 양심의 자유를 속박하는 교회규정을 소박하게 따랐지만, 의식이 바뀌면서 그것이 불가능하다는 점을 깨닫게 되었다.

둘째는 1520년대 중반에 각지에서 일어난 급진적 종교개혁에서 자유와 질서에 관한 사려가 부족했기 때문이다. 즉 가톨릭에 대해서는 기독교적 자유를 주장하면서, 동시에 급진적인 종교개혁에 대해서는 저들의 자유이해를 비판하기 위해, 칼빈은 기본적 교리 속에 이 점을 덧붙여야 한다고 생각했던 것이다.

기독교적 자유는 루터파의 1530년판 아우구스부르크 신앙고백 제16항에 언급되어 있다. 루터 개인도 유명한 『기독교인의 자유』라는 소책자를 썼다. 그러나 칼빈은 그것에 만족할 수 없었다. 왜 그랬을까? 첫째로, 루터의 지론은 깊이는 있지만 명료하지 못해 이해하기 어려웠고, 또 그 문제를 포괄적으로 보지도 못했다고 생각했다. 둘째로 루터가 자유를 외적인 것에 의하지 않는다고 한 점은 칼빈과 다르지 않지만, 칼빈은 루터의 논의에서는 외적 자유가 무시된다고 보았다. 루터의 『기독교인의 자유』와 비교하면, 『기독교강요』 초판 마지막 장은 자유를 논할 뿐만 아니라, 자유를 빼앗는 근원적 구조로 교회적 전통과 정치적 통치를 다루고 있고, 설령 그 부분을 빼더라도 훨씬 더 길고 정밀하다. 루터의 경우는 자유를 주로 내면화했지만, 칼빈은 외적 자유와의 관련을 중시했다.

〈기독교의 자유〉에 관한 장은 그 다음 판에서는 확장되지 않았다. 때문에 전체 비율에서 보면 상대적으로 작아졌다. 또 한 가지 주목되는 점은, 당초 의도에서 볼 경우, 최종판에서는 제4권에 넣어도 무방했지만, 제3권의 기독교 생활을 논하는 부분에 포함시켰다는 점이다.

5. 최종판으로의 여정

『기독교강요』와 같이 장기간에 걸쳐서 개정·증보가 거듭된 책은 거의 없다. 이 책의 출판을 재촉시킨 요인은 이 책의 보급도였다. 얼마만큼 출판되었는가에 대해서는 기록이 없어 알 수 없지만, 같은 책을 각기 다른 출판사에서 인쇄했다는 것은 한 출판사의 작업능력으로는 책의 수요에 응할 수 없었다는 점을 보여준다. 『기독교강요』의 보급에 관해서 꼭 언급하고자 하는 것은, 프랑스어판에 관한 것이다. 초판을 제외하고 각 판마다 라틴어판에 이어서 프랑스어판이 출간되었는데, 이는 라틴어를 읽을 수 없는 사람들의 수요가 높았기 때문이다. 과거 독서층은 대개 라틴어를 읽었는데 반해, 점차 라틴어를 읽을 수 없는 계층의 독자들이 늘어던 것이다. 그리고 이들이 점차 교회개혁의 중추적 세력이 되어갔다.

민중의 언어로 책이 출판되는 일은 드문 일이 아니었지만, 그것은 주로 통속서였고 본격적인 신학서가 민중언어로 출판된 일은 없었다. 그러나 신학은 신학 전문가들의 독점물이 되어서는 안 되었다. 이런 점을 칼빈 자신도 잘 헤아리고 있었다. 따라서 『기독교강요』는 처음부터 독자에게 읽힐 것을 고려해서 쓰인 것이라고 해도 과언이 아니다. 이 점이 증보를 재촉한 것은 당연하다. 이 외에도 증보의 필요를 느낀 것은, 처음에는 예상하지 않았던 잘못된 학설의 출현, 그리고 저자와 동지들의 종용이 있었기 때문이다. 또 한편으론 칼빈에 대한 반론들에 대해 응답할 필요가 있었기 때문이다. 그 반론들은 다음과 같이 분류될 수 있다.

1) 가톨릭 신학자들의 반론 : 칼빈에 대한 반론뿐 아니라, 그 이전의 종교개혁에 대한 반론에 영향을 받은 부분이 많다. 하지만 『기독교강요』 초판을 쓸 때는 카테키즘이었기 때문

에, 논쟁적인 문제는 그다지 쓰지 않았다.

2) 급진적 개혁자로부터의 비판 : 『기독교강요』 초판의 출판 이전부터 급진적 개혁자들의 주장은 있어 왔다. 그러나 초판에서 이들의 비난을 받은 적은 많지 않다. 그 한 가지 이유는 칼빈이 이들에 대해 어느 정도 동정적이었기 때문이라고 할 수 있다. 다른 한 가지 이유는 카테키즘에서는 논쟁이 불필요하다고 여겼기 때문일 것이다. 초기 급진파에 대한 칼빈의 동정이 후에는 크게 후퇴했다고 지적되곤 한다. 즉 종교개혁 주류파가 급진파를 잘라버리고, 권력구조에 가담하게 되었다는 해석이 널리 받아들여졌다. 하지만 농민전쟁 이후의 루터파의 경우에는 이 해석이 적절할지 모르지만, 칼빈의 경우는 다르다고 생각한다. 물론 시대적 상황도 달랐지만, 오히려 급진파가 점차 칼빈의 개혁운동에 흡수되어 갔다고 보아야 한다.

3) 기독교에서 일탈한 급진파로부터의 비판 : 이 부류는 반삼위일체론자들이다. 칼빈은 이들에 대해서는 엄중한 태도를 취했다. 칼빈이 삼위일체론을 옹호한 것이 그의 개혁의도가

철저하지 못했기 때문이라는 비난은 옳지 않다. 삼위일체론은 종교개혁의 신학에 있어서도 핵심을 이루고 있었기 때문이다.

4) 종교개혁 진영 간에 있어서 의견의 차이 : 특히 이 가운데서도 루터파와 개혁파의 대립이 있었는데, 주된 논쟁점은 성찬론이었다. 이외에도 오시안더(Osiander)의 의인론(義認論) 등 루터파로서는 물러날 수 없는 이견이 있었다.

5) 칼빈의 주장에 대한 반론 : 특히 예정론에 관해서 가차 없는 비난을 받았다.

이상과 같은 반론들에 대한 응답의 글이 덧붙여져 판을 거듭할수록 강요의 분량이 많아졌다. 비록 기본적인 구성은 바꾸지 않고 증보를 해 나감으로 급한 불을 끄긴 했지만, 지나치게 분량이 많아져서 카테키즘을 골자로 했던 체계를 다시 만들 필요가 생겼다. 구성에 있어서 큰 변화가 있었던 것은 최종판에서였는데, 구성을 재편성한 점에 대해서는 최종판 서문에서 약간 언급하고 있다. 이 구성에 대해 저자 자신도

타당하게 생각한다고 말했다.

제1판(1536년), 제2판(1539년), 제3판(1543년), 제4판(제4판은 제3판과 같고), 1545년에 제5판(이것은 제4판으로 불러도 된다), 1550년에 제6판(이것은 다른 출판사에서 나온 것이지만, 내용은 1550년 판과 같기 때문에 제4판이라고 해도 무방하다), 1554년에 제7판(이것도 내용적으로는 1550년 판과 동일하다), 1557년 그리고 최종판이 1559년에 나온다. 비교해 보면, 제2판은 분량에 있어서 상당히 확대되었고, 논술도 상세하며, 총 17장으로 구성되어 있다. 각 장의 주제를 보면,

1. 신인식에 대하여
2. 인간인식과 자유의지에 대하여
3. 율법에 대하여
4. 신앙에 대하여
5. 회개에 대하여
6. 신앙의식과 공적에 대하여
7. 구약과 신약의 유사점과 차이점에 대하여
8. 예정과 섭리에 대하여
9. 기도에 대하여
10. 성례전에 대하여

11. 세례에 대하여

12. 주의 만찬에 대하여

13. 기독교적 자유에 대하여

14. 교회의 권능에 대하여

15. 위정자들에 대하여

16. 5가지 잘못된 성례에 대하여

17. 기독교인의 생활에 대하여

비록 장(章)들이 이처럼 늘었지만, 그 구성순서만큼은 초판과 기본적으로 다르지 않다. 〈잘못된 성례에 대하여〉가 조금 앞에 있는 〈주의 만찬에 대하여〉의 다음, 그리고 〈기독교적 자유에 대하여〉 앞에 온다면 순서는 완전히 처음 그대로다. 〈회개에 대하여〉의 내용은 전판에서 여기 저기 산재해 있는 것을 모은 것이다. 〈구약과 신약의 유사점과 차이점에 대하여〉의 내용은 이전 판에는 없었다.

1543년 제3판에서는 전체의 구성은 그대로이면서, 장만 21장으로 늘어났다. 장이 늘어난 것은 〈율법에 대하여〉다음에, 〈서원에 대하여〉와 사도신경의 제1부, 제2-3부, 제4부를 각기 다른 장으로 구분해 넣었기 때문이다. 하지만 논술의 순서는 조금도 변하지 않았다. 1550년 제5판에서도 구성은 그대로인 채, 각 단락들에 번호를 붙인 점만 다를 뿐이다. 이렇게 해서 최종판에 이르게 되었는데, 여기서는 큰 변화가 있었다. 제목 페이지에서는 "가장 적절한 방법에 의해 처음으로 4편으로 구분하고, 확실한 장으로 배열했는데, 상당히 많은 가필을 통해 증보되었기 때문에 가히 새로운 저작이라고 말할 수 있을 정도"라고 기록하기까지 했다.

그러나 도입부만큼은 초판에서 최종판까지 기본적으로 변하지 않았다. 여기에는 저자의 상당한 결심이 있었던 것으로 보인다. 왜 그럴까에 대해서는 여기서 자세히 해명하지는 않겠다. 다만 일종의 철학이 있었던 것으로 보이는데, 그것은 곧 신인식과 자기의식을 조합한 철학이었다.

6. 『로키』의 방법과의 비교

『기독교강요』는 초판 이후 카테키즘 각 부분에 대한 증보를 거듭하면서 보다 충실한 내용을 갖추었는데, 이는 마치 필요에 의해서 집을 보수한 것과 같다. 즉 교리의 통일적 체계에 의한 논술이 필요했기 때문이다. 아마도 칼빈은 근본적으로 체계를 다시 세워야 한다고 생각한 것이 틀림없다. 교리의 논술순서는 신학자에게 있어 상당히 신경 쓰이고, 또 머리를 많이 써야하는 과제이다.

멜랑히톤이 『로키 코뮤네스』(Loci Communes), 곧 『신학요의』를 썼을 때, 그 구성은 각 판마다 달랐던 것으로 생각된다. 멜랑히톤의 경우를 생각해 보면, 그는 '로키'(Loci)라는 방법으로 교리를 체계화하려 했다. 이것은 칼빈이 시도했던 『기독교강요』의 카테키즘적 방식과 근본적으로 다른 것이라고 생각할 필요는 없다. 올바른 방식으로 이해하려 한 점은 서로 비슷했다. 칼빈도 멜랑히톤의 『로키』가 프랑스어로 번역되었을 때, 그 책의 서문을 썼을 정도로 '로키' 방식에 친근감을 가지고 있었다.

'로키'라는 방식에 대해 설명하자면, 멜랑히톤은 체계적 신학서를 썼을 때, 처음부터 스콜라신학이 시행한 체계화를 피하려 했다. 왜냐하면 스콜라학파의 체계는 철학의 존재론에 의존한 체계였기 때문이다. 이에 반해 멜랑히톤은 성경만을 근거로 하는 복음적 신학은 그 내용뿐만 아니라 신학체계에 있어서도 성경에 의존해야 한다고 생각했다. '로키'는 12

세기에도 시도된 적이 있는데, 처음부터 그 후 토마스 아퀴나스의 체계가 완성되고 나서부터 '로키'는 쇠퇴해 갔다. '로키'는 '로쿠스'(Locus)의 복수로서 보통 '장소'라고 번역되었는데, 오늘날의 의미로는 '개념'이란 뜻이다. 즉 '로키'란 '재개념'이란 뜻으로 성경이 이야기하는 말씀을 개념별로 정리한 것을 의미한다.

『로키』의 초판에 거론한 개념들은 인간의 능력, 죄, 율법, 복음, 은총, 의인(義認)과 신앙, 신·구약의 차이, 상징(성례전의 문제), 사랑, 공권력, 실패 등이다. 비록 어수선한 인상을 받을지도 모르지만, 전체적으로 여러 항목 사이에 내적 관련성이 있고, 죄, 율법, 복음에 대한 항에 관심이 집중되며, 어떻게 구원을 받는가 하는 인식에 중점을 둔 믿음으로 말미암는 의가 그 핵심을 이루고 있다.

멜랑히톤의 『로키』 제2판에서는 제1판에 비해 거론한 개념도 늘어나고 논술의 순서도 바뀌었다. 그렇다고 해서 확정된 견해가 없다든가 지조가 없다고 말해서는 안 된다. 다만 시행착오를 겪었을 뿐이다. 그러나 성경에서 '로키'를 끄집어내는 방법에는 다소 무리가 있다. 그것보다는 '카테키즘'의 방법이 훨씬 자연스럽다.

1555년 판 『로키 코뮤네스』에서 언급된 여러 개념들을 열거하면 다음과 같다. 하나님, 삼위일체, 창조, 죄의 기원, 인간의 능력과 자유의지, 원죄, 하나님의 율법, 경고와 권고의 구별, 복음, 인간은 어떻게 죄 사함을 받고 하나님 앞에 인정받는가, 신앙, 은총, 의인(義認), 영원한 예정과 유기, 신·구약의 차이, 기독교인의 자유, 문자와 성령, 성례전, 세례, 유아세례, 주님의 만찬, 의식과 성례전과 희생의 구별, 회개, 성령을 거스르는 죄, 고백(고해), 속죄, 교회의 권능, 교회, 그리스도의 왕국, 죽은 자의 부활, 고난과 십자가를 지는 일, 기도, 교회에 의한 인간의 경고, 열쇠, 이 세상의 권위 등이다. 거론된 항목만 보면, 『로키』 초판에 비해 세 배 이상 늘어난 분량이다.

7. 사도적 신앙 계승의 중시

『기독교강요』 최종판은 거의 사도신경의 구조에 따라 구성되었다. 이것은 삼위일체론적으로 체계가 잡혔다고 말해도 된다. 교리체계를 일관되게 서술할 때 어떤 순서가 적절한 것인가를 고려하여 결국 이런 순서로 결정된 것이다. 사도신경 뿐 아니라 고대교회의 세례신조는 모두 같은 구조로 되어 있어서 이것을 삼위일체론적이라 불러도 무방할 것이다. 무엇보다도 칼빈은 사도신경을 네 부분으로 구분하는 것이 옳다고 보았는데, 그 네 번째 항목(제4부)이 교회였다. 칼빈이 제4부에 상당히 많은 지면을 할애한 것은, 바른 교회상을 추구했던 그에게 당연한 것이었다. 『기독교강요』 초판의 경우에는 제2장 〈신앙에 대하여〉에서 사도신경을 해설한 부분이 나온다. 최종판은 그것을 신학전체 체계의 테두리로 삼은 것이다. 그런데 최종판에서 나타난 전체 구조의 변화는 무엇을 의미하는가?

  A. 이 변화는 논술 순서의 변화이지 내용의 변화는 아니다. 구조를 바꿔서 지금까지 간과했던 점을 거론한 것이라고 말할 수는 없다. 구조의 변화는 교육적 관점에서 실제적인 유익을 고려한 것뿐이다. 즉 이렇게 하는 편이 더 이해하기 쉬울 것이라고 본 것이다.

  B. 교회가 상당히 오랜 옛날부터 신앙고백의 골격으로 삼

은 것에 중점을 둔 것은, 어떤 의미에서 전통적 방법으로의 회귀라 할 수 있다. 즉 중세 신학체계는 롬바르투스의 『명제집』(Sentencia)이나 토마스 아퀴나스의 『신학대전』에서 보는 바처럼, 대체적으로 삼위일체론적인 구성으로 되어 있었다. 때문에 처음에는 종교개혁이 이 구조를 의식적으로 피한 것은 아닐까 하는 생각이 든다. 가톨릭신학과는 근본적으로 다른 구조여야 한다는 의식에서 말이다. 멜랑히톤 역시 삼위일체적 구성과는 전혀 다른 구조를 생각해내려 했다. 강요의 경우는 카테키즘이기 때문에, 기본적인 세 가지 요소를 나열하는 것으로 전체가 구성되었지만, 구조 전체가 확대되었기 때문에 전부를 재편성할 수밖에 없었다. 그래서 고대교회의 체계로 돌아온 것이다. 이 문제가 칼빈 자신의 말로서 특별히 명쾌하게 설명된 적은 없지만, 전체적으로 보아 이러한 추정에 대한 타당성은 충분하다.

종교개혁이 기독교 전통에 대한 무관심 내지는 반발이라고 보는 견해가 일부에 의해 강하게 제기된 바 있지만, 이것은 무교회적 경향의 편견일 뿐, 사실은 그렇지 않다. 종교개혁 초기에는 성경으로 돌아간다는 의지가 강했지만, 그 단계에서도 고대교회의 전통은 결코 무시되지 않았다. 그 예로, 인문학자에 의한 교부연구가 그 전부터 진행되어 왔는데, 이러한 교부연구가 종교개혁의 중요한 한 가지 동인이었다. 그래서 혹자는 종교개혁을 고대 전통으로의 회복이라고까지 주장하기도 했다. 이러한 종교개혁의 주장에 대해 가톨릭 측에서 반박이 있었는데, 그것은 주로 교회적 전통에 대한 의견일치(consensus)가 없는 게 아니냐는 비판이었다. 때문에 전통보다는 성경이, 의견의 일치보다는 하나님의 말씀이 중요하다는 주장이 종교개혁 내에서 제기된 것이다. 이에 따라 성경 이외의 요소는 무시한 채 논의가 이루어졌는데, 교부들의 관점에서 보아도 가톨릭 신학자보다 개혁자 쪽이 훨씬 유리했다. 이는 인문주의자 출신의 개혁자가 기독교의 고전에 대해서 가톨릭 신학자보다 학식이 높았을 뿐 아니라, 교부들도 대체로 성경에 입각한 건전한 교리를 유지하고 있었기 때문이다.

개혁자가 교부문서와 고대교회 법전을 중요시한 것은 주로 가톨릭을 반박하기 위한 수단이었다고 말할 수 있다. 그러나 그들은 단순한 수단 이상의 것을 고대교회에서 배웠다. 신학은 교회의 연속성이 확인되었을 때에만 성립될 수 있는 법이다. 그런데 고대교회 신학자의 사고방식과 종교개혁의 신학적 사고는 많은 점에서 상당히 다르다. 그래서 종교개혁을 공부하는 우리는 고대교회의 신학에 위화감을 느끼고, 이것을 배우려고 하지 않는 경향이 있다. 물론 고대교회의 신학이 현대 교회에 유효성이 없다고 생각하기 때문이기도 하다. 그러나 그 무관심이 현대교회의 신학을 빈곤하게 만드는 한 가지 원인이 되는 것은 아닐까 생각한다.

8. 프랑소와 1세에 대한 편지

『기독교강요』에는 각 판마다 프랑스 왕 프랑소와 1세에 대한 헌정사가 첨부되어 있다. 이것은 강요의 본론이 완성되었을 즈음, 프랑스에 의한 개신교 박해가 거세어졌기 때문에, 이 방면에 비교적 이해가 있는 프랑소와 1세에게 박해를 중단해 달라고 요청하기 위함이었다. 강요와는 별개의 문서이지만, 이 편지를 첨부한 『기독교강요』를 프랑스 왕에게 헌정해서 복음적 신앙의 정당성을 이해해 달라고 했다는 점에서, 강요에는 변증적 성격도 짙다고 볼 수 있다. 이는 헌정사를 통해서도 알 수 있다. 그러나 지금까지 살펴본 대로, 『기독교강요』는 무엇보다도 카테키즘이라고 보는 것이 적합하다. 프랑스 왕에게 쓴 헌정사는 별개의 문서로 다루지만, 항상 본문과 함께 읽혀져 왔으므로 여기서도 언급할 필요가 있다. 이 헌정사는 종교개혁기 변증문학의 최대 걸작이다. 칼빈은 이것이 완성된 작품이라고 생각한 것 같다. 그래서 이후에도 이 문서는 가필되지 않고 그대로 쓰였다. 때문에 이것만을 독립된 저작으로 읽을 수도 있다. 비록 박해를 막아달라는 칼빈의 소망은 이루어지지 않았지만, 이 편지는 지금까지 종교개혁의 변증론의 걸작으로 남아 있다. 이 헌정사는 이것만을 독립적으로 읽을 만한 가치가 있긴 하지만, 신학문헌이라기보다는 변증문학이라 할 수 있기 때문에 굳이 신학적으로까지 해명할 필요는 없다고 본다.

9. 『기독교강요』를 읽는 역사

마지막으로, 내 자신이 아직 충분히 연구하지 못한 부분을 이야기하고자 한다. 그것은 한번 해석된 『기독교강요』 텍스트를 완결된 해석으로 볼 수 있는가 하는 문제이다. 우리가 1559년 판 『기독교강요』를 읽는다고 하자. 그 때로부터 약 440년의 긴 세월이 경과한 지금, 그 때 존재하지 않았던 우리가 옛 문자를 있는 그대로 직접 접할 수 있을까? 아마 많은 사람들이 당연하다고 대답할 것이다. 나 역시 그렇게 생각했다. 그런데 차츰 내가 과거에 『기독교강요』를 번역했을 때, 그 생각이 과연 올바른 것이었을까 하는 의문이 생기기 시작했다. 실제 경험을 이야기하면 이해하기 쉬울 것이라고 생각된다. 즉 만약 내게 상당히 탁월한 능력이 있어서 라틴어 원문을 바로 바로 번역할 수 있다면, 문제점을 느낄 틈이 별로 없었을 것이다. 그러나 종종 난해한 부분이라든지 비판 받을 만한 부분을 접하게 되는데, 그러면 나는 이에 대해 나까야마역은 어떻게 번역했을까를 생각하게 되고, 또 그 외 버틀스의 영역본, 비베리시의 영역본, 혹은 베버의 독일어역 등 여러 번역본을 참고하게 된다. 번역은 해석이기 때문에 번역에 차이가 생기는 경우는 비일비재하다. 선행하는 번역본을 따를 것인가 말 것인가는 각각의 경우에 따라 내가 결정할 문제이지만, 점차 나는 앞 시대 사람이 우리 시대의 해석에 영향을 줄 수 있다는 점을 알게 되었다. 내 경우는 이러했지만, 설령 상당한 실력을 갖춘 자라 할지라도 그 역시 선행하는 역본의 뒤를 이어 읽는 것이 아니겠는가? 내가 부족하다는 판단에서 선행하는 역본에 의존해 해석하는 것이 낫다고 생각하지만, 좀 더 생각해 보면, 설사 내가 더 능력을 지녔다 하더라도, 과거의 해석의 도움을 받아 해석해야 한다는 생각을 하기에 이르렀다. 만일 『기독교강요』가 사장되고 그 정신마저 잃어버린 후에 출토품으로 읽혀진다고 하면, 그 경우에는 읽는 자가 매장되었던 기간을 무시하고 직접 과거와 접촉하게 될 것이다. 그러나 『기독교강요』와 같은 책은 계속 읽혀 오고, 도 해석되어 온 책이다. 물론 무턱대고 지금까지 읽어온 전통에 구속될 필요는 없지만, 어찌되었든 지금까지의 해석을 무시할 수는 더더욱 없는 일이다.

이는 상당히 어려운 문제이므로 지금 여기서 자세히 해명할 수는 없지만, 분명한 것은 『기독교강요』라는 책은 지금까지 역사 속에서 해석되어왔고, 앞으로도 역사 속에서 해석되어야 할 것이란 점이다. 그래서 앞으로 더욱 더 강요를 읽는 역사가 만들어지게 될 것이다. 우리가 과거와 같은 텍스트를 읽기 때문에 시대를 뛰어넘어 그들과 같이 읽어나가야 하지만, 그것은 단순한 반복이 아니라 해석의 깊이를 더한 것이 되어야 하지 않겠는가? 이렇게 앞 시대의 해석법을 이어받으므로써 조금씩 더 『기독교강요』를 읽는 역사의 새로운 한 페이지가 열리게 되는 것이다.

제2장 칼빈의 정신세계

1. 칼빈의 정신세계를 탐구한 이유 2. 칼빈연구의 편력 3. 16세기의 휴머니즘 4. 휴머니즘과 복음적 신앙 5. 생애를 건 연구 6. 휴머니즘의 한계 7. 성경의 세계로 8. 현실에로의 참여 9. 헤브라이카의 세계

1. 칼빈의 정신세계를 탐구한 이유

많은 이들에게 있어 칼빈에게서 배우는 실질적인 내용은 그가 정리하고 제시해 온 교리이다. 그 자신이 이러한 사명감을 가지고 그 일을 했기 때문에, 그것을 배우는 일은 별로 어렵지 않다. 단지 그의 책만 읽으면 된다. 비록 처음에는 잘 몰라도 읽는 사이 어느새 알게 된다. 그러나 칼빈연구라는 부분에서는 그의 교리를 상술하는 것만으로는 부족하다. 칼빈이 어떻게 그러한 교리를 파악하고 구축했는가를 분명히 알아야 하고, 아울러 다른 개혁자들과의 차이도 제시할 수 있어야 하기 때문이다. 그의 책에 쓰인 것을 단지 읽는 것만으로는 주지를 파악할 수 있을지는 몰라도 결코 그 이상일 수는 없다.

따라서 칼빈연구를 위해서는 칼빈의 책뿐만 아니라, 주변적인 것까지 알지 않으면 안 된다. 가능한 한 그의 관점에 접근해서 그에게 비춰진 것은 모두 볼 수 있어야 하고, 그의 세계로 들어가야 비로소 그의 정신세계를 이해할 수 있는 것이다. 동시에 그러면서도 그에게 완전히 동조하는 것이 아니라, 일정한 거리를 두고 관찰할 수 있어야 한다. 그를 비판하느냐 마느냐는 접어두고 우선 접근하는 것이 필요하다. 멀리서 칭

찬을 늘어놓는 것은 멀리서 욕하는 것과 같아서 진정한 연구에 도움이 되지 않는다. 그런데 칼빈의 정신세계에 접근하기 위해서는 수많은 장벽을 넘어야 하기 때문에, 깊이 생각하지 않으면 거기에 도달할 수 없게 된다. 그러면 연구자가 아닌 경우에는 어떻게 해야 하는가? 보통의 독자는 그저 읽는 것만으로 충분하지만, 특별히 칼빈연구의 성과를 앎에 있어서 깊은 이해를 필요로 하는 경우가 있을 수도 있다. 물론 많은 연구자에 의해 다양한 연구가 이루어지고 있는데다가, 시대와 상황에 따라 연구의 동향이나 방법도 변해 가기 때문에 칼빈연구의 전모를 파악하는 것은 무리일 것이다. 더군다나 한정된 책밖에 읽을 수 없는 경우, 어느 일면에만 편중되므로, 결국 칼빈에 대해 깊이 이해하기는 어렵게 된다. 그러므로 칼빈에 대한 연구서를 수박 겉핥기 식으로 읽기보다는, 칼빈의 저작 그 자체를 읽는 편이 유익하다. '한 책의 사람'(一書の人)이라는 말이 있는데, 예컨대, 『기독교강요』만 집중적으로 읽고 깊이 이해하게 된다면, 풍성하지 못한 정보량이라 하더라도, 풍성한 지혜를 얻을 수가 있을 것이다.

나는 칼빈연구자로서 칼빈에 관한 정보를 많이 획득하기보다는 칼빈이 가진 지혜를 함께 나누는 사람이 되기를 원하고 그것을 목표로 삼아 왔다. 그래서 이번 강의는 그간 내가 탐구한 지혜를 여러분과 서로 나누는 시간이 되었으면 한다. 비록 이 강의가 여러분에게 칼빈을 알 수 있을 것 같다고 말할 정도의 정교한 개념은 확립시켜주지 못한다 할지라도, 어느 정도 칼빈을 이해하려는 생각을 불러일으키게 했으면 하는 마음이다. 칼빈을 이해하기 어렵다고 생각하는 사람이 있다면, 그런 그의 생각을 바꿔주고 싶다. 예를 들어 기하학 증명에 있어서 보조선을 한 개 그으면 쉽게 알 수 있듯이, 그런 보조선을 제시하는 칼빈연구에 여러분도 동참했으면 한다. 연구라는 것은 알지 못하던 것을 알게 하는 것이다. 모르기 때문에 연구하는 것이다. 반드시 몇 개의 특정한 목적만을 위해서 연구할 필요는 없다. 또는 사람이 세운 목표만을 위해 연구를 제한할 필요는 없다. 비록 목적 없이 한 연구라 할지라도 뒤에 가서는 도움이 되는 일이 적지 않기 때문에, 그것이 단순히 연구를 위한 연구가 아니었음을 알게 될 것이다. 그래서 나 자신은 칼빈연구에 관해서 확실한 목표 없이 연구하는 사람이 있다 하더라도 그것을 비난할 필요는 없다고 생각한다. 단지 나는 칼빈의 뜻과 그가 말하고자 하는 것이 보다 충분하고 명확하게 이해될 수 있는 방향으로 연구를 진행해 왔을 뿐이다. 한정된 시간과 능력을 무제한적으로 사용할 수 없었기 때문이다.

2. 칼빈연구의 편력(遍歷)

 칼빈은 자기 자신을 드러내지 않은 인물인데, 그의 사상의 스타일에서 그럴만한 의미를 찾을 수 있다. 비록 그것에 대해서 별로 흥미를 느끼지 못하는 이들이 많지만, 이는 나름대로 충분히 흥미가 있다. 칼빈을 배우는 사람은 이러한 그의 스타일을 존중하면서 읽지 않으면 안 된다. 나는 그의 자세에 이의를 달 생각은 없지만, 칼빈을 이해하기까지의 나의 편력(遍歷)을 조금 언급함으로써, 칼빈을 이해하기 위한 접근 방법에 대해 소개하고자 한다.

 내가 칼빈의 『기독교강요』를 나까야마(中山昌樹)역으로 처음 읽은 것은 1943년의 일로 해군에 입대하기 약 반년 전이었다. 당시 젊은이가 군에 입대하면, 전선에 동원되어 거기서 죽게 된다는 이야기를 듣는 경우가 많았다. 왜 학생들이 그런 인생관을 가졌는가에 대해서는 해명이 필요하겠지만, 여기서는 생략하고자 한다. 여하튼 그런 분위기에서 당시 학생들은 독서하고 사색했다. 내가 칼빈의 『기독교강요』를 읽은 것도 그러한 분위기에서였다.

내 경우 그 때 나는 신자였기 때문에 죽기 전에 신앙의 확고한 경지에 도달하는 수단이 왜 독서인가라는 의문을 풀었어야 했지만, 여기서는 당시의 학생들에게 있어서 독서가 인생이고, 구도(求道)였다는 사실을 지적해 두는 것으로 만족하고자 한다. 그 당시 서적으로는 칼빈의 『기독교강요』를 신학의 최고봉으로 보는 풍조가 교회 내에 어딘지 모르게 강하게 나타나 있었다. 때문에 나는 비록 일본어 신학서를 계속해서 읽었으면서도, 정작 『기독교강요』를 다 읽지 않으면 신학을 배운 것이 아니라고 생각했다. 그보다 훨씬 오래 전 나는 기독교에 반발하고 집안의 종교에서 벗어나고 싶어 발버둥쳤는데, 어느 날 우연히 칼빈의 카테키즘을 손에 넣을 기회가 있었다. 이 책을 통해 나는 나도 모르는 사이에 충격을 받았다. 왜냐하면 그것에 나타난 기독교는 지금까지 생각했던 기독교와 전혀 다르다는 사실을 알게 되었기 때문이다. 그 이후 나는 현실 교회에 대해서는 계속해 비판적이었지만, 칼빈이 설명하는 하나님만큼은 거역할 수 없었다. 칼빈의 그늘에서 신앙의 탈락자가 될 수 없었기 때문에, 칼빈의 주요저서를 읽는 것은 내 일생의 염원이었다. 나는 생의 마지막이 가까워지고 있다고 생각하며 칼빈을 읽지 않을 수 없었다. 결국 군에 입대하기 전에 『기독교강요』 전권을 다 읽었다. 하지만 힘들게 읽었으면서도 그 내용을 잘 이해할 수가 없어서 죽음을 앞두고 읽은 만큼의 의미는 없었다. 따라서 바라던 신앙의 경지에도 이르지 못했다. 하지만 그것은 강요의 저자가 미숙해서도 아니며, 번역이 서툴러서도 아니었다. 단지 내 자신의 신앙과 지성이 미숙했기 때문이라고 자각했다. 그러나 다시 한 번 더 읽을 시간은 없었다. 그래서 만일 살아서 돌아온다면, 이해할 수 있을 만큼 읽고 싶었고, 그 만큼 성장하고 싶었다. 더불어 만일 살아서 돌아온다면, 그것은 칼빈을 연구하게 하기 위해 하나님이 살려주셨다는 의미로 받아들이기로 했다. 그런 마음의 결정을 내린 채 전쟁터에 나가게 되었다. 1년 8개월 뒤에 전쟁은 참담한 패배로 끝났고, 나는 패잔병으로 돌아왔다. 죽음의 바다에서 "물에 빠진 시체로 호국의 넋이 되리라"는 예상을 뒤로 한 채, 내가 살아서 돌아왔다는 것을 실감했다. 그래서 남은 생애는 두말할 것도 없이 칼빈 연구에 매진했다.

3. 16세기의 휴머니즘

 전쟁이 끝나고 공부하기 시작했을 때, 배우고 사고하는 데 있어서 나의 자세는 이전과는 크게 달라졌다. 전쟁 중에 변화가 일어난 것이었다. 생사의 갈림길에서 빠져 나와 살아 돌아왔기 때문에 조금은 현명해졌다고 할 수 있다. 한마디로 표현하자면, 관념에 따라 사안을 이해하는 미숙함과 천박한 단순함을 극복했던 것이다. 진정으로 알지 못하면서 마치 이해한 것처럼 착각하는 속임수가 통하지 않게 되었다. 달리 말하면, 휴머니즘에 대한 나의 자세가 바뀐 것이다. 이전에는 휴머니즘에 대해서 무조건적으로 부정적이었다. 그 한 가지 이유가 휴머니즘에 대해 엄격한 태도를 취하는 신학만을 받아들였기 때문이다. 이제는 그런 수박 겉핥기식의 단계는 겨우 탈피했다고 생각하는데, 이 입장을 나는 앞으로도 유지할 것이다. 물론 나는 휴머니즘에서 자유주의적 기독교의 이해로 이르는 길을 거부한다. 그런데 당시 알지도 못하면서 휴머니즘은 쓸데없다고 한 것이 잘못되었다고 해서 그러한 태도 전체를 취소해야 하는가? 나는 그렇게 생각지 않는다. 죽음을 앞에 둔 사람에게 휴머니즘은 분명 어떠한 해결책도 제시하지 못하기 때문이다. 그러므로 생사를 걸기에 충분한 사상은 아니라고 판단한 것은 옳았다.

그러나 여기에는 함정이 있다. 전쟁 중 교토(京都)학파의 철학자들은 '근대의 초극'(超克)이라고 말하면서 전쟁에 의미를 부여했다. 많은 지식인들이 이런 주장에 편승했는데, 나도 이 생각을 순순히 받아들였다. 철학자들이 말하는 초극(超克)해야 할 근대요소 중에는 휴머니즘과 합리주의가 있었고, 기독교 신앙인으로서 나 또한 생각 없이 그렇게 받아들였다. 그런데 실제로 전선에 가서 나의 눈으로 본 전쟁은, 철학자가 논한 의미부여와 맞지 않았을 뿐더러, 결코 근대의 초극이라는 이념의 수단이 될 수도 없었다. 전쟁은 완전히 난잡하고 무의미한 것이었을 뿐이다. 더욱이 전쟁 그 자체만 무의미한 게 아니라, 그것에 의미를 부여하는 것 또한 무의미했다. 비록 전쟁의 무의미함은 어렴풋이 깨닫고 있었지만, 관념적 의미부여의 무의미함까지는 미처 깨닫지 못했던 것이다.

나는 전쟁의 의미부여 이론을 안일하게 받아들여 내 자신이 기독교인으로서 전쟁에 관여하는 일을 의미있다고 명쾌하게 결론지었지만, 휴머니즘의 입장에 있는 사람은 이 무의미함을 비교적 잘 간파하고 있었기 때문에, 그것을 명쾌히 결론

지을 수 없다고 생각했다. 그들이 비록 몸을 던지면서까지 전쟁에 저항하지는 않았지만(심지어 전쟁 말기에는 그런 사람 가운데서 특공대가 나오기까지 했다), 휴머니스틱한 생각을 가진 사람이 보다 많다 보면, 전쟁을 억제할 수는 없다 하더라도, 최소한 전쟁을 재촉하는 일은 없지 않았을까?

이것도 중요하지만, 또 한 가지 전쟁 후 내게서 달라진 것은 내 개인의 인간형성에 관한 반성이었다. 나는 전쟁 전 휴머니즘에 기초를 둔 교양주의에 대해 비판했었다. 위기 신학과 실존주의 영향을 받은 채 유럽에서 유입된 교양주의는 죽음에 대해 전혀 준비를 하지 않기 때문에, 여기에 대해서 일축된 엄한 견해를 가지고 있었다. 요즘 사람은 거의 이해할 수 없겠지만, 당시 학생들은 학업이 끝나면 전장(戰場)에 동원되어서 죽는다고 생각했다. 이를 굳게 믿고 있었기 때문에 그들은 죽음을 준비하는 서적만 읽었다. 문학서는 의식적으로 피했던 것 같다.

학도출진(學徒出陣)으로 군에 입대했을 때, 나는 징병검사를 연기한 사람을 제외하고 군대에 들어간 사람 중 가장 나이가 어렸다. 여러 학력자가 똑같이 일병이 되었다. 계급은 같았지만 인간의 마음속은 서로 다르게 보였다. 그 중 나는 나보다

연장자가 긴 학교생활을 보냈다는 것을 알았다. 더구나 전쟁 중 학교교육에서 해마다 교양의 폭은 얇아졌다는 것을 알았다. 그 차이는 휴머니즘적 교양의 축적의 차이로 나타났다.

종전 후 학교생활을 다시 시작했을 때, 나는 전쟁에서 잃었던 시간과 그 기간에 습득할 수 없었던 학문을 다시 공부해야 할 뿐 아니라, 전쟁에 나가기 전에 이미 읽었던 것을 서둘러 다시 몸에 익혀야 한다고 생각했다. 휴머니즘에는 아직 석연한 점이 남아 있어서 전적으로 긍정할 수는 없었지만, 적잖게 그것을 배우지 않으면 안 된다고 생각했다. 특히 칼빈을 공부하겠다는 생애의 목표를 가졌기 때문에, 칼빈과 휴머니즘과의 관계를 명확하게 밝히고 싶었다. 결국 그것은 내가 휴머니즘을 몸에 익히고 나서 시작했다.

4. 휴머니즘과 복음적 신앙

종교개혁과 16세기 휴머니즘, 인문주의와의 관계는 오늘날에는 완전히 상식으로 정착되었지만, 당시에는(전후 얼마 동안은 해외로부터의 학문정보가 부족했기 때문이겠지만), 특히 루터에게 중심을 둔 종교개혁을 연구하는 사람들 사이에서는, 종교개혁과 휴머니즘은 관계가 없다는 생각이 지배적이었다. 전쟁 전 독일에서의 연구 또한 대부분 그런 경향이었다. 내가 대학원생이었을 때, 학회에서 휴머니즘에서 종교개혁으로의 전개에 관한 짧은 글을 발표한 적이 있었는데, 학회 이사 중 한 사람은 내가 초보적인 실수를 범하고 있다고 생각했다. 학회에서마저 이 정도였는데, 일반 교인들에게 유럽 휴머니즘이 마치 이물(異物)과도 같아 보였던 것은 당연하다. 하지만 1953년 레오나르드(Emile G. Leonard)의 『프로테스탄트의 역사』가 일본어로 번역 출판되면서, 교회에서도 16세기 휴머니즘을 인정하게 되었다. 16세기 휴머니즘은 오늘날의 휴머니테리아니즘(humanitarianism)과는 달라서 인문주의라고 말해야 하며, 그것은 고전 발견 또는 고전 연구요, 고전을 존중하는 마음이었다.

원어를 읽지 못하면 칼빈을 연구할 수 없다는 점은 상식에 속한다. 그래서 나는 군에서 돌아와 라틴어와 16세기 프랑스어를 공부하기 시작했다. 그때까지는 일본어와 영어, 독일어로 신학을 공부하고 있었다. 여기서 말할 필요는 없지만, 나는 언어능력이 부족했다. 따라서 원서를 그럭저럭 읽을 수 있게 되기까지는 남들보다 몇 배의 노력을 하지 않으면 안 되었다. 그 노력은 자랑할 것도 없고, 자랑할 만한 것도 아니다. 오히려 그처럼 언어공부에 정력과 시간을 소비하는 것은 옳은 방식이 아니다. 그보다 그런 정력과 시간을 신학 고유의 분야에 투자해야 된다고 생각한다. 더욱이 어학공부와 어학을 구사하는 능력이 그대로 휴머니즘의 수련이 될 수는 없다. 그보다 휴머니즘의 정신을 깨달아야 한다. 그런데 휴머니즘 정신은 가르쳐 주는 사람도 없을 뿐더러, 그것을 가르칠 수 있는 문제의 성향도 아니다. 다만 휴머니즘 정신을 갖춘 사람을 찾아 그를 보고 배우면서, 깨달은 점을 받아들여 자신을 연마해 나가는 것 외에는 달리 방법이 없다. 만일 누군가 내게 그 정신을 갖추었는가를 묻는다면, 물론 '아직은'이라고 말할 수밖에 없지만, 그럼에도 반세기 이상 연구했다면, 이제 조금은 안다고 해도 괜찮지 않을까 생각한다. 반세기 이상 걸려서 내가 알게 된 것과 칼빈이 갖춘 것과는 다른 것이 아니라고 생각한다. 비록 그는 그것을 20대 후반에 익혔는데 반해, 나는 70세를 넘겼는데도 아직 충분히 익히지 못한 것은 사실이지만, 이는 그만큼 그에게는 타고난 재능이 있었고 동시에 훌륭한 교사와 훌륭한 교육환경이 있었기 때문이라고 할 수 있다. 따라서 그런 그와 나는 약간의 질적인 차이는 있겠지만, 넓은 의미에서는 같다고 생각한다.

칼빈에게 있어서 뛰어난 점 두 가지를 간단히 지적한다면, 첫째는 말에 대한 그의 감각이다. 나는 칼빈에게 갈고 닦은 문장 감각이 있었음을 점점 알게 되었다. 필요상 칼빈과 동시대 사람들의 문장을 읽어야 했는데, 그들의 글과 칼빈의 글을 비교해서 볼 때, 칼빈의 문체의 명철함이 훨씬 뛰어났다. 그러나 솔직히 말해서, 내게는 어학 센스가 모자라기 때문에, 그의 어법에 대해서 아직 모르는 점이 많다. 말에 대한 감성은 언어 이외의 영역과도 관련이 있다고 생각한다. 칼빈이 미술작품에 대해 어느 정도의 이해력과 식견을 가졌는지는 잘 모르지만, 시와 음악에 있어서도 그는 대단한 식견과 안목이 있었던 것 같다. 이런 것은 휴머니즘에 있어서 중요한 점으로 간주된다. 당시에는 이 방면에 감각이 없는 사람이 대부분이었지만, 칼빈은 이 점에서 우수한 면을 지니고 있었다. 물론 이는 그가 시나 음악에 있어서 뛰어난 작품을 만들었다는 의미는 아니다. 그는 시인도 아니고 음악가도 아니었다. 하지만 그는 어떤 사람이 뛰어난 시인인지, 어떤 사람이 훌륭한 음악가인지 분별할 수는 있었다. 그래서 그의 지도하에 뛰어난 예배음악이 만들어진 것이다.

기독교강요란 어떤 책인가?

그의 음악적 감성의 뛰어남을 보여주는 것이 제네바 시편 멜로디만은 아니라고 생각한다. 종교개혁이 회중의 찬송가를 발전시켰다는 것은 알려진 바지만, 당시 회중이 부르는 멜로디가 적었기 때문에 다른 멜로디를 찬송가로 전용한, 이른바 기존의 곡에 가사만 바꾼 찬송가를 부르는 일도 적지 않았다. 그러나 칼빈은 예배음악을 그렇게 다루지 않았다. 더러는 칼빈이 세속 음악에서 멜로디를 빌린 경우도 있었다고 하지만, 그래도 뛰어난 음악가의 손에 의해 잘 다듬어진 곡을 사용했지 일반 멜로디를 빌린 것은 하나도 없었다. 하나님을 찬미하기 위해서는 엄선한 멜로디를 사용해야만 한다는 것이 그의 생각이었다. 또한 그는 시편 150편의 작곡자는 각기 다를지라도 동일한 교회적 의지를 가지고 통일성을 지녀야 한다고 생각하기도 했다. 이처럼 비록 감성의 문제를 과대평가 할 필요는 없겠지만, 그것을 고려하는 것이 나쁘지만은 않은 것도 사실이다.

두 번째로 그의 뛰어난 점은 말을 다듬는 수련을 통한 인간성의 도야이다. 말의 감각을 다듬는다는 것은 세련된 표현력과는 다르다. 오히려 그것은 보다 정확한 표현, 보다 빈틈없는 문장에 의한 의사전달, 보다 정확한 인간파악 및 인간 문제 영역의 폭넓은 이해, 그리고 자기 자신의 보다 깊은 성찰을 위한 '수련'(修鍊)이라 할 수 있다. 물론 그것은 자기 자신의 인간수업이기도 하다. '수련'이라는 말도 칼빈이 자주 사용하는 말이다. 이것은 성경에서 유래되었고, 동시에 휴머니즘 교육에 있어서도 중요시되었다. 수련은 연습이지만, 특히 어학교육에 있어서는 가장 필요한 것이다. 수련이 없다면, 관념은 쓰러지게 된다. 신앙생활에 있어서도 훈련이 없으면, 연구한 교리를 자기 것으로 만들 수 없다. 이러한 휴머니즘이라면, 과연 신학과 모순되는 게 있을까? 오히려 신학을 연구하는 자에게 언어감각과 언어수련이 필요하지 않을까? 또 말씀을 전하는 자는, 비록 인간성찰을 가르치지 않더라도, 인간을 잘 이해할 필요성이 있지는 않을까? 유럽 기독교에서는 이 같은 인간에 대한 앎(人間知)이 있었다. 그러나 일본 기독교에는 없다. 이러한 상황이 패전 이래 계속되어 왔는데도, 일본에서는 이것을 도야하기 위한 아무런 교육도 시행하지 않고 있다. 전도자의 품성과 지성에 대해 논하는 일은 많지만, 어떻게 하면 훌륭한 품성과 지성이 함양되는가를 제시하는 사람은 거의 없다. 나 자신도 오랜 기간 신학교육에 종사해 왔지만, 이 방면의 교육이 시급하다는 필요를 인정하면서도, 정작 아무 것도 가르칠 수가 없었다는 회한만 남는다.

칼빈이 1559년에 제네바에 아카데미를 개설하고, 신학교육을 위한 교육과정을 정했을 때, 그 교육은 당시의 휴머니즘 교육이었다. 6년간의 일반교육에서 그리스·라틴 고전과정을 수료한 자가 신학과정에 들어가게 되는데, 신학과정에 들어가더라도 그리스·라틴 원전강독을 거친 후에야 신학강의에 출석할 수 있도록 정해져 있었다. 그만큼 목사 후보생에게는 최고의 학식이 요구되었던 것이다. 하지만 그 목사들은 서재에 틀어박혀 학문적 저술활동만 한 것이 아니다. 그들 중 많은 사람들이 위험을 무릅쓰고 전도하는 중에 적지 않은 순교자가 되기도 했다. 그런데도 오늘날 이러한 교육의 부활을 아무리 외친다 해도 별다른 반응이 없다. 때문에 이런 교육이 갖는 의의를 인정하는 사람은 그저 개인적 노력으로 학습해 가는 수밖에 없는 실정이다.

5. 생애를 건 연구

나의 경우 휴머니즘의 수련은 학생시절에서 끝나지 않고

이 후에도 시간을 쪼개어 계속되었다. 이는 전쟁의 공백기뿐 아니라 그 외에도 여러 가지 이유로 나의 수련이 늦어져 있었기 때문이며, 또한 전쟁에서 죽었을 내가 살아 돌아온 이상 의지대로 계속 공부해야 한다는 생각 때문이기도 했다. 이러한 휴머니즘의 수련은 나의 연구의 본령은 아니더라도, 앞으로의 연구 활동 중에 계속 습득할 수 있는 것이 아니기에 지속적 관심을 두지 않을 수 없었다.

나는 전쟁을 체험했던 점 때문에 음지에서 열심히 살아왔는데, 때때로 이것이 젊은이들의 부러움을 사기도 했다. 나는 이것이 젊은이들의 어리광이라고 생각하지 않는다. 오히려 이것이 그들의 진면목이다. 우리 시대가 전쟁에서 많은 것을 잃어버렸듯이, 오늘날의 젊은이도 많은 것을 잃어버렸다는 것을 깨닫지 못하고 살고 있다. 잃어버린 것이 많다는 분명한 사실을 깨닫고자 하지 않는 것은 사상적 태만이다.

내가 칼빈연구를 계속할 수 있었던 것은 은혜라고 생각한다. 내 자신이 길을 개척한 게 아니라, 하나님이 길을 예비해 주신 것이다. 이것은 주관적인 생각이 아니다. 만일 칼빈연구를 본격적으로 실행하기 위해 나 스스로 길을 개척했다면, 아마도 나는 외국으로의 유학을 택했을 것이다. 그러나 나는 전도자로서의 부름을 받았기 때문에 무엇보다도 그것을 우선시했다. 그리고 그 부름 받은 직무를 보다 훌륭하게 수행하기 위해 칼빈연구를 계속했다. 외국으로 공부하러 갈 기회를 만들어야겠다는 생각은 전혀 할 수가 없었다. 그런데도 연구를 계속해서 어느 정도 성과를 올릴 수 있었던 것은 오직 주님의 예비하심이 있었기 때문이다.

내 연구 과정에 큰 위치를 차지하고 있는 사건이 『기독교강요』의 번역이었다. 나보다 먼저 『기독교강요』를 번역한 사람이 일본에도 두 사람이 있는데, 그들은 자신의 결정으로 번역을 시작했다. 하지만 내 경우는 그것을 원해서가 아니었다. 36년여 전에 로마서 번역을 끝냈을 때, 칼빈저작집 간행회로부터 『기독교강요』의 번역을 종용받았기 때문이다. 간행회는 내가 칼빈연구를 생애의 사명으로 삼고 있다는 걸 알고 있었기 때문에 나에게 위탁했다. 나는 원전과 각종 역문, 그리고 참고 문헌도 다 갖추고 있어서 바로 시작할 준비가 되어 있었지만, 자발적으로 하게 된 것은 아니었다. 자발적이 아니라는 것은 하나님의 뜻이었다는 의미이다. 하지만 비록 준비가 되었다고는 하지만, 사실 그 준비는 허점투성이였다. 실력을 갖추고 일을 시작해야 했지만, 내 경우에는 번역을 하면서 부족함을 조금씩 메워가던 실정이었다. 더욱이 번역하면서 저자가 말하고자 하는 것을 잘 모를 때는, 그것을 이해하기 위해서 당시의 상황을 알아야 하는 경우가 많았는데, 그러면 또 그 때의 주변 상황에 대해서도 연구를 해야만 했다. 그렇게 해서 당시의 주변 사정을 안 후에야 저자가 말하고자 한 바를 잘 이해할 수 있었다. 그처럼 느린 행보로 오랜 시간 번역을 계속해 나갈 수 있었기 때문에, 오히려 상당한 수준에까지 이르렀다고 해도 교만은 아니라고 생각한다.

지금도 나는 매일 배움의 행보를 계속하고 있다. 그리고 7년 전부터 『기독교강요』의 개역 작업을 하고 있다. 이 개역은 누구에게도 요청받은 일 없이 내 스스로 결심해서 한 것이다. 그것은 앞선 번역의 결함을 누구보다도 내가 제일 잘 알고 있기 때문이기도 했다. 아직 해야 할 부분이 반이나 남아 있으니, 앞으로도 7년 정도 더 해야 할 작업이다. 칼빈은 짧은 인생을 단번에 앞질러 달려갔지만, 나는 이처럼 소걸음걸이로 그의 뒤를 따라가고 있다.

6. 휴머니즘의 한계

칼빈이 휴머니즘의 분위기 속에서 성장하면서도 거기에 머물지 않았다는 사실은 정신사적으로 중요한 의의를 가진다. 칼빈이 휴머니즘을 구분해서 파악하고 있었을 리는 없기 때문에, 이에 대해서는 우리가 정리하지 않으면 안 된다. 우선 당시의 휴머니즘을 크게 둘로 나누면, '관점(立場)으로서의 휴머니즘'과 '방법으로서의 휴머니즘'으로 나눌 수 있다. '관점으로서의 휴머니즘'은 후대에 한 동안 상당히 확실한 사상으로 자리 잡았지만, 이것은 결국 하나님께 도전하는 인간의 입장이었다. 칼빈은 이러한 인간주의 혹은 인간중심주의의 휴머니즘에 대해서는 정면으로 저항했다. 때문에 이러한 휴머니즘에 대해서는 여기서 다루지 않기로 하겠다. 하지만 칼빈은 비록 '관점으로서의 휴머니즘'은 받아들이지 않았으나, '방법으로서의 휴머니즘'은 제네바 아카데미에 전면적으로 도입했다.

종교개혁과 휴머니즘의 불화는 1525년 루터와 에라스무스의 결렬로 구체화 되었다고 보아도 된다. 그렇다고 해서 이때 이후로 양자가 항상 평행선을 달린 것은 아니다. 오히려 둘의 대립이 극복되고, 양자는 조화될 것이라는 견해가 프랑스에서 특히 강했다. 따라서 가톨릭에 대해서는 계속 비판적이면서도 이것과 전면적으로 대립하는 길은 피하고, 또 이성에 대적하는 방법으로 종교개혁을 수행할 수 있을 것이라고 생각했다. 요컨대 지적 수준을 높여 가면 교회의 상황이 변화할 것이라고 생각한 것 같다. 이러한 입장은 휴머니즘을 종교개혁의 이전 단계로 보는 견해인데, 이는 충분히 성립되었고, 점차 이 견해가 정착되었다고 볼 수 있다. 예를 들어 칼빈의 후계자인 데오도르 베자가 『이코네스』라는 개혁자의 초상화집을 출판했을 때, 이것이 인문주의자들에게도 받아들여졌다. 그러나 인문주의적 복음이해에서 종교개혁으로 가깝게 접근할 수 있을 것이라고 생각하던 입장에 대해 칼빈은 엄한 견해를 가지고 있었다. 인문주의자들의 온건한 생각은, 칼빈의 전향을 보여주는 『기독교강요』 출판에 의해 와해되었고, 프랑스에서도 휴머니즘과 종교개혁은 분열하게 되었다. 하지만 이즈음의 사실관계는 충분히 해명되지 못한 채, 이후에도 계속 수수께끼로 남아 있다.

어떻든 칼빈이 휴머니즘에서 종교개혁으로 기울고, 종래 프랑스 휴머니즘이 지향하던 온화한 개혁 노선을 부정한 것은 그럴만한 이유가 있었겠지만, 그것이 무엇이었는지는 알 수 없다. 결국 칼빈은 휴머니즘의 한계를 발견한 것이라 할 수 있는데, 이 사건은 칼빈의 회심과 무관하지 않다.

칼빈의 회심에 대해서는 본인이 극히 부분적인 기록만 남기고 있기 때문에 사실관계에 대해서는 알 수 없다. 회심의 시기는 많은 연구자들이 주장하듯이, 최초의 저술인 『세네카의 관용론 주석』의 출판 이후라고 볼 수 있다. 회심이라고는 말하지만, 흔히 말하는 불신앙에서 신앙으로의 회심은 아니다. 『세네카의 관용론 주석』은 고전학자로서의 저술이었지만, 아우구스티누스 등을 많이 인용하는 등 기독교 입장에서 쓴 것이다. 이 회심은 기독교라고 일컬어지는 정식 기독교에로의 회심이다. 그것은 복음주의 혹은 프로테스탄티즘으로의 회심이라고도 말할 수 있겠지만, 오히려 지식적·관념적 신앙에서 목숨을 건 신앙에로의 변화라고 보는 것이 옳다. 칼빈 자신이 자신의 회심에 대해서 말하고 있는 곳은 『시편주석』(出村彰역)의 서문이다. 여기서 칼빈은 "하나님은 갑작스런 회심으로 나이에 비해 매우 완고해져 있던 내 마음을 제압하고 이것을 순종적인 것으로 변화시켰다"고 했다. 여기서 그가 말하는 '갑작스런'이라는 말은 예기치 않았다는 의미이다. 또 '순종적인 것으로 변화시켰다'는 말은 그 이전에는 순종적이지 않았다는 점을 보여준다. 즉 하나님을 믿고는 있었지만, 하나님으로부터 자립해서 자기중심적인 삶을 살려고 했다는 의미이다.

이 회심 이후 칼빈의 신학은 현실도피의 해명을 위한 것이 아니라, 현실 한복판에서 그리스도를 증거하는 결단적인 것으로 바뀌었다. 결단은 한쪽을 버리고, 다른 한쪽을 고착시키는 것이다. 그것에 이것을 병합시키는 것은 것이 아니라 오직 이것만이라고 주장하는 것이다. 곧 오직 믿음, 오직 은혜, 오직 성경이라는 배제 혹은 배타성의 논리이다. 배제의 논리를 구사하는 것은 결함이 있다고 간주되는 경우가 많다고 하지만, 그러나 배제의 논리가 없을 때, 어떻게 남의 눈을 속이고 숨어 들어오는 것을 막을 것인지를 분명히 해야 한다. 때문에 배제의 논리는 칼빈에게만 한정되는 것이 아니라, 모든 결단적 신학의 요소요소에 표현된다.

칼빈의 결단, 곧 회심은 신앙에로의 전환이라는 그의 내면의 사건일 뿐만 아니라, 그의 행동과도 관계가 있다는 것으로 접근해야 한다. 앞서 말한 『시편주석』 서문에서 그는 이렇게 말하고 있다.

내 자신은, 말하자면, 초심자와 다르지 않음에도 불구하고, 순수하고 올바른 교리의 깊은 갈망을 가진 사람들이 내가 있는 곳에 배우려고 모여들었을 때, 나는 놀라지 않을 수 없었다. 나는 선천적으로 비사교적이고, 부끄럼을 잘 타는 사람이라 항상 조용하고 태평함을 좋아했기 때문에, 어딘가 숨을 곳이나 사람들로부터 은둔할 수 있는 길을 찾으려고 했다. 그러나 내 자신의 희망대로 되지 않았다.……하나님은 나를 갖가지 변화로 여기저기 데리고 다니시면서, 결코 안정된 휴식의 장소를 허락하지 않으셨다. 끝내는 나의 본성을 바꾸시고 나를 밝음으로 인도하셨는데, 이른바 경기장에 이르게 하신 것이다.

그는 행동파가 아니었지만, 하나님의 그릇으로서 결단하는 행동으로 현실에 관여할 수밖에 없었다.

휴머니즘과의 결별에 관해서 칼빈은 어느 정도로 문제 상황을 의식하고 있었을까? 휴머니즘의 길을 걸어서 복음이해에 도달한 사람들도 있을 것이라고 생각할 수 있지만, 칼빈은 그것보다 날카로운 견해를 가지고 있었다. 나는 칼빈이 결단과 비결단의 차이를 중시했다고 생각한다. 그는 종교개혁에 찬성하면서도 그 신앙의 표명을 피하고 가톨릭 속에서 몰래 살아가는 사람들을 '니고데모파'라고 부르며 심한 비판을 가했다. 칼빈은 믿는 것은 고백해야 한다는 원칙을 세웠다. 그는 믿는 신앙을 표명하지 않음으로 양심이 질식하는 것을 우려했기 때문이다. 하지만 이처럼 결단을 내리지 못하는 점을 강하게 비판했을 때, 사람들은 칼빈의 비판이 너무 심하다고 반발했던 것 같다. 니고데모는 바리새파의 고명한 지도자이면서 예수 그리스도를 찾아가 방법을 물으려 했던 겸허하고 탐구적인 인물이었는데, 칼빈은 그를 그리스도를 사모하면서도 밤에 몰래 찾아갔을 만큼 결단적 고백이 없는 인간의 표본으로 여긴 것이다. 여기서 칼빈이 니고데모의 이름을 이용한 것은 비판받은 사람 편에서 먼저 이 이름이 언급되었기 때문인 것 같다.

휴머니즘에는 결단을 둔하게 하는 요소가 있다. 이는 "성급해서는 안 된다" 혹은 "우선 일을 충분히 명확하게 해야 할 필요가 있다"는 점 등을 중시하기 때문이다. 일반적으로 휴머니즘은 생명을 소중히 여기는 사상인데, 그 생명존중이 자기 생명의 존중이나 보존에만 머물고, 나아가 생명을 위험에 노출하는 일 등은 회피하게 된다. 따라서 "몸은 죽여도 혼을 죽이지 못하는 자를 두려워 말라"는 말씀에 복종하지 않고, 몸을 죽이는 자를 더 두려워하는 자로 남게 되기 쉬운 것이다. 그 때문에 생명의 보전을 위해 침묵해서는 안 될 때에도 침묵하게 되는 것이 아닐까? 또한 그러한 불철저함에 대한 비판을 관용적이지 못하다고 해석하고는, 정작 자신들은 관용을 존중하는 사상이면서도 비관용에 대해서는 관용하지 못하는 딜레마를 안게 된다.

칼빈의 활동 시기보다 앞선 1520년대 이후, 프랑스의 휴머니즘은 어느 정도 실제적인 교회개혁을 시작했다. 그것은 모(Meaux) 교구에서 복음적 설교에 의한 개혁이었다. 그러나 탄압을 당했을 때, 그 개혁운동은 순식간에 좌절되었다. 이것은 만용을 당할 수 없다는 판단에서 비롯된 것이라기보다는, 다소 이해는 되지만, 결국 죽음을 각오한 신앙적 결단이 없었기 때문이었던 것으로 보인다. 또 한 가지 이와 관련하여 언급하지 않으면 안 되는 것은, 정작 지도자는 개혁의 불을 점화해 놓고 나중에 침묵했지만, 지도자를 따르는 민중, 특히 하층민들의 열화 같은 불길은 진정시킬 수 없었다는 점이다. 이것을 억압하면 오히려 폭동이 일어났는데, 정작 지도자는 이것을 모른 채 하며 지나치는 것을 넘어, 심지어 때로는 분기한 민중을 공격하는 편에 서기도 했다.

칼빈의 회심 이전 프랑스에서, 휴머니스트로서 종교개혁에 호의적이었던 사람들은 종교개혁을 안전지대로 생각한 것 같다. 그들은 상층민들로서 왕실의 보호를 받고 있었다. 하지만 종교개혁에 뜻을 둔 하층민들은 박해를 받았고, 권력자는 이들을 보호해 주지 않았다. 비록 당시 칼빈에게는 이런 사회적 상황을 논할 만한 사회이론이 없었지만, 이러한 사회문제는 그의 양심에 의해 직감적으로 파악할 수 있었다. 그와 그의 후계자에게는 이러한 사회의 모순을 방치해 두는 사회적 무감각을 찾아볼 수 없다. 휴머니즘을 뛰어넘어 고백적 신앙으로 돌아서서 종교개혁에 이르게 되었을 때, 비로소 칼빈의 시야에 세계가 들어왔을 것이다. 이것은 현대의 문제와 관련이 있지만, 여기서는 논하지 않겠다. 칼빈은 당시의 휴머니즘이 이후 시대의 휴머니즘처럼 어느 정도 하나님과 대결하거나, 하나님을 떠나거나, 혹은 하나님을 불필요하게 여기는 면이 있다 하더라도, 그 안에는 인간의 자립(인간의 자율성)을 도모하는 요소를 가지고 있다고 이해한 듯하다. 칼빈과 동시대 사람들로서 브리소네의 르페브르(Jacques Lefever of d'Etaples)라는 사람이 있었지만, 칼빈은 이 사람과 다만 면식만 있었을 뿐이다.

7. 성경의 세계로

칼빈은 회심에 의해 과거와는 다른 차원의 세계로 들어가게 되었다. 이 세계를 '신앙의 세계'라 불러도 무방하지만, 지금은 '성경의 세계'라고 잠정적으로 부르는 편이 나을 것 같다(물론 칼빈 자신이 '성경의 세계'란 말을 쓴 것은 아니다). 여기서 칼빈의 삶의 태도가 바뀐다. 그러나 이전의 모든 것이 파기된 것이 아니라, 방법으로서의 휴머니즘은 그대로 지닌 채 새로운 단계로 넘어갔다. 방법으로서의 휴머니즘은 복음적 신앙을 배제하지 않고, 그 신앙 아래서 유용성을 지니기 때문이다. 즉 성경을 읽을 때에 도움이 된다. 이런 식으로 칼빈에게는 휴머니즘적인 것과 성경적인 것이 층을 이루며 겹쳐져 있었다. 이것이 한마디로 칼빈의 정신세계라고 표현할 수 있다.

칼빈은 회심 이후 '성경의 세계'로 들어가서 거기에 자리 잡고 사물을 보며 살아갔다. 그는 종횡으로 성구를 인용하는데, 그것을 기억력이 좋은 결과라거나, 또는 단순히 성경연구를 매우 많이 한 결과라고 이해해서는 안 된다. 그가 그토록 자유자재로 성경을 인용할 수 있었던 것은 성경을 대상으로서 본 것이 아니라, 오히려 성경의 세계 속으로 들어갔기 때문이다. '성경의 세계'로 들어갔다는 것은 성경을 유사시에 언제나 쓸 수 있다는 것뿐만 아니라, 사상과 행동이 성경에 입각한 것이 되었다는 의미이다. 물론 그렇다고 해서 칼빈이 매우 행동적인 타입으로 바뀌었다고 말할 수는 없다. 그는 타고난 바탕이 원래 소극적이었기에 그것이 바뀔 리는 없다. 하지만 그는 필요하다고 느꼈을 때는 언제든 '성경의 세계'의 원리에 따라 결단하고 행동했다. 그렇다면 '성경의 세계'라는 것이 무엇이며, 칼빈은 이것과 어떤 관련이 있었을까?

때로 오늘날 성경 속에 그림을 삽입하는 경우가 있는데, 제목을 붙인 오래된 그림에는 그 그림을 그린 사람의 시대가 반영되어 있다. 그런데 그러한 것은, 인물의 복장이나 건물 양식 등에 대한 시대고증(時代考證)의 문제와는 상관없이, 의도적으로 성경의 사건을 현대로 가져오기도 하고, 반대로 현대를 성경의 시대로 가지고 들어가기도 한다. 더군다나 화가는 자신이 아는 인물의 얼굴을 그림에 그려 넣기도 한다. 이러한 것들은 모두 성경의 세계와 현실의 세계를 동일화하는 것에서 비롯된다.

오늘날 우리 주변에서는 성경의 세계를 대상화하는 것을 당연히 여기는, 한편 그 세계로 들어가는 것은 불가능하다고 생각한다. 그러나 과거, 예컨대 15세기 사람들은 사상적으로 미숙했기 때문에 성경의 세계를 대상화할 수 없었다고 생각한다면, 그것은 대단한 착각이다. 15세기 사람들이 고대 사회의 상황을 잘 알고 있었다고 말할 수는 없지만, 시대의 격차는 충분히 분별하고 있었다. 하지만 그들은 성경의 세계를 동일화하거나 대상화하면 안 된다고 생각했다. 그래서 그들은 우리의 구원이 달려있는 성경의 세계를 그리는 경우에도 그렇게 해서는 안 된다고 생각했다.

종교개혁자들이 그림에 대해서 이렇게 생각했다면, 혹시 책으로서 성경을 읽고 그 성경의 세계로 들어갈 때에도 어떤 점에서는 그림의 경우와 비슷하지 않았을까? 오늘날의 성경 연구자들이 성경의 세계를 모두 대상화하고 있는 것과 같은 명백한 태도가 그들에게도 있었다. 하지만 화가가 성경의 세계를 그릴 때는 현실에는 보이지 않는 것을 상상에 의해 포착하는데 반해, 성경의 독자가 성경의 세계로 헤치고 들어가는 것은 성경본문의 언어학적 연구를 통해서이다. 학문에는 섬광(閃光)과 같은 요소가 확실히 있기도 하지만, 그럼에도 학문의 바른 방식은 비약이 아니다. 학문은 논증에 의하지 않으면 전진할 수 없다. 오늘날에도 언어학적 방법이 크게 이용된다고 말할지 모르지만, 오늘날 학자들의 언어 취급방법은 16세기 휴머니스트들의 취급방법과는 질적으로 다르다. 16세기의 언어는 인간 그 자체와 밀접한 관련이 있었다. 이에 반해 오늘날의 언어는 해체나 분절이 가능한 하나의 상징의 종류로 파악된다. 따라서 오늘날의 언어연구는 반드시 인간과 관련되지는 않는다.

칼빈의 성경연구가 휴머니즘에 의해 개발된 언어학적 연구였다는 점은 분명하다. 그렇다면 그것은 어떤 방법이었을까? 그것은 언어의 원래 뜻을 조사하고, 그 문장이 본래 말하고자 한 것이 무엇이었는가를 명백하게 밝히는 것이었다. 그런데 그 해석이 틀린 것이라고 생각하지는 않지만, 말〈言葉〉을 말로 바꿔 놓기만 하는 훈고주해(訓詁注解)로 성경을 해명하는 것이 충분할까? 그렇게 하면 성경의 세계와 가까워질 수 있을까? 지식의 양이 늘어가는 것만으로 인간 그 자체가 바뀔 수 있을까? 칼빈의 성경 주해도 텍스트의 말을 설명의 말로 바꿔놓은 것에 불과하지만, 그렇다고 칼빈의 안중에 텍스트의 말과 설명의 말밖에는 없었을까? 표현은 언어에 의존할 수밖에 없다. 그래서 휴머니즘은 굳이 언어를 고집하지만, 칼빈은 말 이상의 것을 가지고 그 내용을 말로서 표현했다. 성경을 읽는 것은 하나님의 말씀을 듣고 그 말씀에 복종하는 것이다. 또한 성경의 세계로 들어간다는 것은 복종에 의해 하나님의 지배하심 속으로 들어가는 것이다. 휴머니즘이 파악한 언어는 인간소외의 말이 아니라, 말로서 회복된 인간적인 언어였다고 할 수 있는데, 그것만으로는 지배와 복종, 약속과 신뢰라는 관계가 성립되지 않는다. 왜냐하면 말씀과 성령이 함께 지배하는 세계에는 비약이 없기 때문이다. 칼빈의 성경주해는 말을 말로 바꿔 놓는 게 아니라, 좀 더 과격하게 표현하자면, 말을 내용으로 바꿔서 파악하고, 그 내용을 다시 말로 설명하는 것이었다. 내용을 이해한 후에야 자유자재로 설명의 말을 구사할 수 있다. 또한 내용을 파악한 뒤의 설교라야 말의 바꿈이 아니라, 하나님의 능력이 전달될 수 있다.

그러면 성경말씀이 내용으로 어떻게 전달되는가? 물론 그것은 상상에 의한 비약이 아니라, 성경의 말로 거슬러 올라가는 복원(復原)이다. 그래서 어휘와 논법을 정확하게 읽어내지 않으면 안 된다. 더구나 서술되는 내용은 구원의 내용이기 때문에, 인간이 설명하는 것이 아니라 성령의 역사여야 한다. 성경을 전체적으로 파악하고, 전체적으로 읽으며, 하나의 장절을 설명할 때도 전(全) 성경과 관련지어 읽어야 한다. 따라서 신학자는 성경 전체의 주해서를 써야 한다. 하지만 칼빈은 성경 전체의 주해서를 쓰지 못했는데, 그것은 다만 그에게 시간이 없었기 때문이다. 시간이 한정되어 있었기 때문에 중점적인 부분을 먼저 다루었지만, 결국 끝마치지는 못했던 것이다.

한 가지 일화를 소개하겠다. 칼빈이 시편송을 중요시했다는 것은 유명하다. 그런데 그는 시편 가운데 몇 편만 불렀던 것이 아니다. 그는 시편 전부를 노래해야 한다고 보고, 일주일을 일요일과 주간 예배로 배분해서 한 주에 25편을 노래하게 배열했다. 따라서 6주 만에 시편 전부를 노래하게 되고, 6주 후에는 다시 처음으로 돌아갔다. 이렇게 반복적으로 노래해서 시편 150편 전체를 마음에 새기도록 했다. 시편을 성경 전체의 요약이라고 보았기 때문에 전(全) 시편을 마음에 새긴다는 것은 성경 전부를 마음에 새기는 것과 같았다.

성경이 어떻게 읽혀졌는가를 역사적으로 잠깐 살펴보자. 중세에는 성경이 그다지 읽혀지지 않았다는 점은 잘 알려진 바이지만, 여기서 읽혀지지 않았다고 하는 것은 오늘날의 읽는 법으로서 읽혀지지 않았다는 말이다. 일반적으로 당시에는 성경보다는 전통(傳統)이 중시되었다고 알려져 있지만, 전통을 으뜸으로 중시한 것은 신학자이지 교회의 신도들이 아니었다. 교회의 신도들이 전통에 대해 잘 알고 있었을 리가 없다. 반면 그들은 성경의 중요성에 대해서는 잘 알고 있었다. 그러나 물론 그것이 성경을 잘 알고 있었다는 말과 같은 것은 아니다. 그러면 그들은 성경을 어떻게 읽었을까?

첫째, 그들은 성경의 주지(主旨)를 알고 있었다. 예를 들면, '가난한 자의 성경'이라 불리는 그림이 삽입된 성경, 혹은 그 그림 그 자체가 유포되었는데, 그것으로 성경의 장면들을 알고 있었던 것이다.

둘째, 그들은 성경을 감사히 여겨야 하는 것으로 알고 있었다. 그들이 성경에 대해 알고 있었던 것은 성경의 중요장면들이 징검다리처럼 연결되어 있는 것이었을 뿐이다. 따라서 화제(話題)가 되기 쉬운 내용은 알고 있었지만, 그것은 주로 역사였다. 예를 들면 복음서는 그림이기 때문에 쉽게 기억하지만, 사도의 편지는 그림이 아니므로 가르칠 수가 없었다. 교회에서 성경이 낭독되어도 민중은 이해할 수 없는 라틴어이기 때문에, 그저 감사히 여기며 들었을 뿐이다. 성경자체를 읽어야 한다는 기운은 중세 말기부터 고조되었는데, 이는 민중에게 라틴어가 아닌 민중의 언어로 성경을 읽게 해야 한다는 것이었다.

셋째, 그들은 성경말씀이 '추상적 개념'으로 되어 있다는 점을 인식했다.* 그런 개념은 나름대로 잘 정리되고 질서 정연하게 조직되어 중세의 정신세계를 형성했다. 그래서 개념은 마치 그 세계의 질서정연하고 훌륭한 예술작품을 보는 듯했다. 이런 세계를 전하기 위해서는 성경의 말은 필요하지 않았다. 추상적 개념을 전하는 기호, 상징 혹은 철학용어가 있으면 충분했다. 신학자가 이러한 추상적 개념을 논증할 때에 결정적인 근거로서 성구를 인용한 것은 분명하지만, 거기에 있어서도 그 성구의 단어가 아니라, 그 성구로 표현된 추상적 개념을 인용한 것이다.

그런데 휴머니즘은 이 방법을 수용하지 않았다. 이런 방법은 개념화를 통해 현실과 바꿔치기한 기만이라는 느낌이 들었기 때문이다. 곧 개념 그 자체가 아무리 바르다고 하더라도 그 안에는 개념을 현실이라 생각하는 기만이 잠재해 있다고 본 것이다. 예를 들어 복종이라는 개념을 생각해 보자, 복

---

* 여기서 '추상적 개념'이라는 말을 했지만, 개념은 본래 추상적으로 성립되는 것이므로 구태여 '추상적'이라 부르지 않아도 된다. 다만 알아듣기 쉬울 것이라는 생각에서 추상적 개념으로 말한 것뿐이다. 나는 개념화를 반드시 나쁘다고는 생각지 않는다는 점을 지적해 둔다.

종이라는 개념은 복종 그 자체와는 별개의 것이지만, 이 개념을 자주 사용하면 복종 그 자체가 정말로 있는 것 같은 생각이 들게 된다. 개념적인 훈련을 받은 사람일수록 더욱 쉽게 이 생각에 빠져들어서 스스로도 이런 기만을 깨닫지 못하게 된다.

논지에 맞지 않는 내용일지 모르겠지만, 이번 강의 서두에 언급했던 전쟁 가운데 한 가지 예를 더 들어보겠다. 나는 전선에 나가서 부하와 여러 가지 이야기를 나누게 되었는데, 그와의 대화를 통해 나는 학교에서 배우지 못한 사람들도 건전한 지혜를 가졌다는 것을 깨닫게 되었다. 그들은 전쟁의 의의 부여라는 개념화에는 반응이 없었다. 물론 그렇다고 해서 그들이 개념화의 허구를 간파했다고는 말할 수 없다. 다만 납득할 수 없었기 때문에 호응할 수 없었던 것뿐이다. 그런 점에서 그들은 호응한 나보다도 더 현명했다. 어떤 모친이 자식의 전사 통보를 받고 "천황폐하 때문이다"라고 말해서 경찰의 조사를 받은 적이 있다고 하는데, 이 모친은 '천황폐하 때문'이라는 개념화의 거짓과 공허함을 간파하고 있었다. 우리들도 '하나님의 영광 때문'이라는 개념을 사실과 다른 거짓된 개념으로 살짝 바꿔서 이용하고 있지는 않은지 생각해 보아야 한다. 살아 있는 말씀을 중요시 여김으로써 그 위험을 어느 정도는 모면할 수 있을 것이라고 생각한다.

8. 현실에로의 참여

급진적인 개혁자가 직접적인 행동을 중요시한 것에 비해서, 칼빈은 현실참여에 있어서 상당히 절도를 지키고 있었다. 그렇지만 현실참여를 단념했던 것은 아니다. 앞에서도 언급했듯이, 휴머니스트들은 수준 높은 식견을 가지고 있었는지는 모르겠지만, 민중과 행동을 함께할 수는 없었다. 현실문제를 언급하면, 그들은 곧 뒷걸음질쳤다. 곤란하게 되면 개혁 이전으로 돌아가 버린 채, 이내 개혁을 부르짖던 입을 닫고 말았다. 그러나 그런 경우에도 개혁자들이 멈추지도 물러서지도 않은 것은 무엇보다 신앙의 결단을 거쳤기에 결코 되돌아올 수 없었기 때문이다. 결단을 했다고 사상이나 지성이 비약한다고 말할 수는 없을지 모른다. 오히려 지적으로는 단순화될지도 모른다. 이러한 단순함에 대해 신앙의 결단을 내리지 못하는 입장에서는 비판과 모멸의 반응을 보였다. 물론 그것에 대해 충분한 설득이 이뤄질 것이라고 생각지는 않지만, 그럼에도 결단을 내리지 못하고 흔들리고 정체성을 잃는 것보다는 퇴로를 막는 조금 과격한 방법으로라도 정체성을 확보할 수 있는 편이 다행스러운 것이 아닐까 생각한다.

또 종교개혁은 사회개혁이 아니라 교회개혁이기 때문에, 교회와의 관련성에 있어서 사회문제와 연결될 수밖에 없는 경우가 생긴다. 사회를 변혁하려고 하지 않더라도 사회가 교회의 변혁을 받아들인다면, 결과적으로 사회개혁이 된다. 칼빈의 사고는 교회와 국가의 분리에 집중되어 있었기 때문에, 이 양자를 동일화해서 교회개혁과 정치적 혁명을 연결시킬 수 없었다. 그러나 세상의 모든 교회가 세상에 속한 것은 아니지만 세상과 관련되어 있기 때문에, 세상에 무관심할 수는 없다. 이처럼 세상과의 관련성은 간접적이다. 간접적이라고 해서 관계가 적다는 의미는 아니다. 다만 나는 칼빈이 휴머니스트 출신이라는 점이 현실감각을 마비시키지 않게 했던 요인 중 하나라고 생각한다. 인간의 문제가 신학론(神學論) 속에 묻혀 버리지는 않았던 것이다.

9. 헤브라이카의 세계

칼빈은 1536년 여름 제네바에 머물기를 파렐로부터 강하게 요청받았을 때, 대단히 강경하게 저항했었다. 그러다가 1538년 제네바에서 추방당했을 때, 그는 바젤에 머문 채 움직이려 하지 않았다. 그것이 종교개혁으로 인한 분쟁을 피하려는 의미는 아니었다. 다만 그는 교회개혁을 위해서 좀 더 공부해야 한다는 필요성을 통감했다. 아마도 그가 공부하려고 한 분야는 구약성경 연구였을 것으로 추측된다. 그는 구체적으로 바젤에서 공부하려고 했다. 당시 바젤에는 구약연구의 최고의 권위를 가진 학자들이 모여 있었다. 신약연구에 비해서 늦게 시작된 칼빈의 구약연구는 1530년대에 눈부시게 발전했다. 칼빈은 이 분야에서 다른 사람에 비해 자신이 뒤지고 있다고 의식했던 것 같다. 이런 점을 보면, 칼빈은 학문의 새로운 동향에 상당히 민감했음을 추측할 수 있다.

후에 쓴 칼빈의 구약주석을 통해, 그가 어떤 연구를 했는가를 추론할 수 있다. 그 중 한 가지는, 그가 맛소라 텍스트뿐만 아니라 탈굼 역시 중시했다는 점이다. 다소 지나치게 진보한 게 아닌가라고 생각될 정도였다. 이것이 새로운 연구 동향이었다는 것은 확실하다. 탈굼을 중시했던 것은, 예수 그리스도가 당시 이것을 읽었다는 일반적인 이해 때문일 것이다.

또 다른 한 가지는, 칼빈이 유대교 랍비의 주해서 역시 제대로 읽었다는 점이다. 다만 비판적으로 보았기 때문에 그 해석에 대해서는 심하게 비난했다. 그러나 해석의 차이가 없는 부분에 있어서는 묵묵히 받아들이고 있다(칼빈이 랍비의 주해서를 실제로 읽은 것이 아니라, 인용된 것을 재인용했다는 연구자도 있지만, 나는 그렇게 생각지 않는다). 당시 구약학자들은, 히브리어는 유대인에게 배워야 함을 절감하고 새로운 운동을 일으켰다. 그 선두에 선 인물이 바젤의 뮨스터(Sebastian Münster, 1489-1552)였다. 그는 유대인 학자들과 토론하고, 그들을 기독교로 개종시키려고 했다. 그런 이유로 신약성경의 히브리어 역을 만들려고 했고, 그 결과 히브리서와 마태복음을 번역한 바 있다.

칼빈이 이런 동향에 어떤 식으로 관련되어 있었는지는 모르지만, 새로운 연구방법을 받아들였음에는 의문의 여지가 없다. 칼빈에게도 반유대주의적인 사상이 있지만, 루터와 비교하면 꽤 온건했다. 간접적으로라도 그는 유대교 학자와 접촉하고 있었기 때문이다. 칼빈은 유대교에 접근하는 것이 구약성경의 본래의 의미를 보다 잘 파악할 수 있는 방법이라고 생각했다. 그럼으로써 결국 기독교가 유대교와 어떻게 다른지 알 수 있게 된다.

또한 당시 구약연구가들 사이에서 십계명의 계명 구분 방식을 바꿔야 한다는 움직임이 있었다. 루터파의 카테키즘에서는 로마 가톨릭교회에서 10계명을 나누는 방식을 그대로 따랐다. 즉 지금의 제2계명을 제1계명 속에 포함시킨 채, 뒷번호를 한 개씩 앞으로 당긴 후, 제10계명을 두개로 분리하여 9계명과 10계명으로 구분했던 것이다. 사실 제2계명을 독자적인 계명으로 읽어야 하지만, 당시 가톨릭교회는 성상을 교회당에 두는 것을 시인함에 따라 상(像)의 금지를 명하는 제2계명을 제1계명 뒤에 감추는 조치를 취했던 것이다. 하지만 종교개혁 연구자들은 고대교회에서 십계명를 나눈 방법이나, 유대교에서 나눈 방법도 그렇지 않았음을 알고 원점으로 돌아왔다. 개혁파 교회는 이런 입장을 따랐지만, 루터파에서는 그렇게 하지 않았다.

유대교의 접촉과 관련해서 또 한 가지 언급하고 싶은 것은 미카엘 세르베투스(Michael Servetus)에 대한 칼빈의 태도이다. 당시 삼위일체를 부정한 세르베투스가 제네바에서 화형을 당하는 유명한 사건이 있었다. 세르베투스에 대해서 칼빈 자신이

심한 조치를 취한 것은 아니지만(이 문제에 대해서 지금 말할 필요는 없지만), 세르베투스와의 견해 차이가 어떻게 생기게 되었는지는 살펴볼 필요가 있다. 칼빈이 세르베투스를 악마 같은 인간으로 생각했다는 해석은 바르지 못하다. 세르베투스는 비교적 건실한 연구가였다. 그도 히브리어 성경연구에 심취했었다. 그러다가 그는 실질적으로 유대교인이 되었고, 그것이 기독교 원형의 회복이라고 주장했다. 이에 대해 칼빈이 분노한 것이다. 세르베투스가 기독교 본래의 것으로 복귀하려는 연구에 착수했다는 점에서는 칼빈과 공통점이 있었다. 그러나 세르베투스는 결국 본래의 기독교로 돌아오기는커녕 완전히 이탈해 버렸다. 그런데도 그는 거만하게 그것이 진정한 회복이라고 주장했던 것이다. 바로 이런 점에 대해서 칼빈은 잠잠하게 있을 수 없었다. 이것이 세르베투스에 대한 칼빈의 태도였다고 보는 게 이해하기 쉽지 않을까?

제3장 『기독교강요』 제1편 : 창조주 하나님

1. 도입부, 신인식과 자기인식 2. 가르치는 순서 3. 인간의 종교성 4. 성경에 의한 하나님 인식 5. 신 존재 6. 삼위일체 7. 창조주 하나님, 천사의 창조, 인간의 창조 8. 자유의지의 문제 9. 섭리론

1. 도입부, 신인식(神認識)과 자기인식

『기독교강요』 제1편은 전체적으로 '창조주 하나님에 대한 인식'* 이라는 표제인데, 제1장은 "신인식과 자기인식은 상관관계가 있다"고 서술한 도입부이다. 이 두 가지 인식의 관련성이 첫 장에서 논의되고, 다음 장에서는 신인식에 대한 내용만을 다룬다. 자기인식과의 상관성이나 자기인식 자체만을 다루는 부분은 제2편에 이르기까지 없다. "너 자신을 알라"라는 소크라테스의 명제는 철학의 영역이라 지금까지 신학에서 그다지 큰 위치를 차지하지 못했다.

카테키즘에 도입부라고 하는 것이 있다는 것은 앞에서 이미 언급했다. 이는 교리 전체의 도입으로 서술된 것이다. 도입부 자체는 교리가 아니다. 그러나 이 서술 속에 칼빈의 사상이 하나의 의미로 결정(結晶)되어 있다고 말해도 좋을 것이다. 하지만 이런 전개를 한다고 해서 도입부가 칼빈의 체계를

---

* 혹은 지식. 칼빈은 코그니티오(cognito) 혹은 노티타이(notitia)라는 말을 사용하고 있는데, 둘 사이에 의미의 차이는 없다. 칼빈은 각각의 용어를 애매하게 사용하지 않는다. 또한 그는 개념을 논하는 철학자가 아니므로 개념 규정을 중요시하지도 않는다. 그래서 동의어들이 많이 사용된다.

완성한다는 것은 아니다. 즉, 이 도입부 속에 앞으로 신학 전체를 전개할 요소가 완전한 형태로 들어있는 것은 아니다. 물론 도입부에 아주 중요한 것이 있긴 하지만, 그것은 어디까지나 도입부이지 본문이 아니며, 신학고유의 영역도 아니다.

도입부는 사람을 끌어들여 궤도에 올려 놓은 후 관심을 가지고 읽게 하기 위한 것이기 때문에, 누가 생각해도 납득할 수 있는 보편성을 가진 철학을 이용해서 도입부를 써 나가려고 시도하는 것은 당연하다. 그렇다면 칼빈 외에 다른 사람들도 그런 생각을 했던 것이 아닐까? 허나, 비슷한 예가 없지는 않지만, 이런 도입부에 의해 체계를 설명한 경우는 내가 조사한 바로는 칼빈 외에 아무도 없었다. 아우구스티누스의 '솔리로키아'(Soliloquia)의 머리말 구절을 보면, "무엇을 알고 싶은가?", "신과 영혼?", "그 밖에는?", "그 외에는 아무 것도!" 등의 구절이 있다. 이것은 칼빈과 비슷하지만, 영(靈)으로서의 자기를 알기 원했던 아우구스티누스에 비해, 칼빈이 인식한 인간은 단순한 영적 존재만이 아니라 신체적인 것이며, 나아가 사회적 존재요 역사적 존재였다.

제1편의 주제는 신인식이다. 신인식을 추구해야만 하는데, 신인식을 자기 자신의 인식과 결부시킨 점이 특징이다. 자기

인식은 신인식과 상응할 만큼 중요하게 간주되는데, 실제로는 책 속에서 그 정도로 자세하게 논하지는 않는다. 아마도 그렇게 논하게 되면 신학이 아니라, 철학적 인간학이 되어 버리기 때문일 것이다. 그러나 칼빈은 신학을 하는 그릇〈器〉은 자기 자신을 알려고 하는 그릇이라는 점을 말하려고 했던 것으로 보인다.

한 가지 대상을 인식할 경우, 여러 대의 카메라로 하나의 피사체를 찍더라도 기본적으로 같은 영상이 찍히듯이, 누가 인식해도 그 인식의 내용은 동일한 것이라고 옛날 사람들은 생각했다. 인식은 대상의 모사(模寫)요, 실물의 투영이다. 중세 신학의 인식은 그러한 성격을 지녔다. 따라서 신으로부터 시작해서 인간에게 내려오는 게 적절하다고 생각했다. 신인식이라는 것은 신존재에 대한 투영으로서 모사이며, 모델이 있어서 모델의 복사물을 만드는 것으로, 신존재를 낮추어 인간존재의 인식을 만들어 간다. 이것이 신학인 것으로 생각했다.

그러나 칼빈은 새로운 시대에 속했다. 하나님에 대해 의문을 갖는다는 것은 자기 자신에 대해서도 의문을 갖는다는 것이다. 칼빈은 하나님과 인간을 양극으로 대치시키는 구상을 하지 않았다. 오히려 그는 하나님을 아는 것과 인간 자신을 아는 것을 조합하여 하나로 만들고 있다. 따라서 한 쪽이 모자라면, 다른 쪽도 성립되지 않는다.

지금 이 문제에 많은 시간을 할애할 수 없기 때문에 간추려 논하자면, 여기서 칼빈은 하나님을 아는 것은 계시에 의한 것이라는 측면에서 주로 이론을 탐구하고 있지만, 인간 자신을 아는 것에 관해서는 특별히 더 논하고 있지 않다. 다만 인간에 대한 지식에 있어 칼빈은 스켄티아의 일종인 콘스켄티아라는 인식 방법을 사용했다. 콘스켄티아는 보통 '양심'이라고 번역되는데, 이는 곧 자기의식의 문제로서, 한 사람인 내가 또 다른 한사람인 나에 대해 객관성을 가진 독립존재로서 나를 보는 것이다. 그것이 양심이고, 또 자기의식이다. 그렇게 한 사람의 자기의식은 일상생활의 차원에서는 동류의 인간과의 관계, 또는 과거의 자기 자신과의 관계 속에서 자각에 도달할 수 있지만, 자기의식에 관해 가장 심오한 의미에서 자문해야 하는 것은 하나님과의 관계에 의한 인간의 피조성, 유한성, 좀 더 단적으로 말하면 반역성, 도착성, 그리고 죄이다.

칼빈은 자기인식을 실존주의적으로 규정하지는 않았지만, 실존(實存)이라는 것을 중요시했다. 또한 칼빈이 신인식과 자기인식의 관련성을 나타내고 있는 것으로서, 의인론(義認論)이 그 중심을 이룬다. 의인론이 종교개혁교리의 핵심인 것은 말할 것도 없지만, 의인론이 이런 의미를 가지게 된 것은 신인식과 신학자 자신의 자기인식이 밀접한 관련을 가졌기 때문이다. 이것은 『기독교강요』 제3편 13장에 나온다. 여기서 칼빈은 하나님의 법정에서 자기가 어떤 존재인지를 헤아려보지 않는 한, 의인의 확고한 인식에는 도달할 수 없다고 한다. 칼빈의 이런 생각이 중세의 사고방식과 확연히 다르다는 것은 앞에서도 기술한 바다. 이것이 근대의 인간 중심의 사고와 일부 비슷한 것 같긴 하지만, 사실은 상당히 다르다는 것을 간과해서는 안 된다. 칼빈은 자기인식이 자립적이라고는 결코 생각지 않았다. 즉 신인식이야말로 자기인식이었다.

그러면 이런 도입부의 설정과 구상에서 칼빈이 받은 사상적 영향이 무엇인가를 고찰해보자. 상세히는 모르지만, 그의 발상은 플라톤과 플라톤에 의해 묘사된 소크라테스로부터 비롯되었다고 볼 수 있다. 자기 자신을 아는 것의 중요함을 철학에 도입시킨 이가 소크라테스이고, 그의 철학을 계승한 사람이 플라톤이다. 비록 자신의 철학에 대해서 칼빈은 아무 것도 말하지 않지만, 철학적 계열로 색깔을 나누면 칼빈은 분명히 플라톤 계열에 속한다. 따라서 이 노선을 변경하면 신학적으로도 차이가 있게 된다. 칼빈의 다음 세대부터 개혁파 신학의 구상이 별개의 것이 된 것은 플라톤보다 아리스토텔레스의 철학에 중점을 두게 되었기 때문이다.

2. 가르치는 순서

칼빈은 신인식과 자기인식을 이렇게 대비(對置)시키면서도 도입부 마지막 단락에서는 가르치는 순서로서 신인식이 먼저 온다고 결론짓는다. 이 '가르치는 순서'라는 발상이 앞에서도 언급되었지만, 칼빈의 체계를 이해하는데 있어서 매우 중요한 열쇠가 된다는 점을 지적하고 싶다. 이번 강의에서 여러 번 이 문제를 다룰 것인데, 이는 이 순서를 지키지 않으면 내용이 올바르게 파악되지 않기 때문이다.

가르치는 순서에 대한 분명한 고려가 없다면, 칼빈의 신학을 계승할 수 없다고 생각한다. 하지만 안타깝게도, 우리들은 앞 세대로부터 이 점에 대해서 배우지 못했다. 그 때문에 개혁파 신학 전통 속에는 루터파적인 사고 및 그 외의 것들이 상당히 끼어들어 혼란을 일으키게 되었다. 하지만 율법과 복음, 의인과 성화, 회개와 신앙 등에 대해 칼빈이 가르친 순서가 개혁파 신학전통을 유지시키는 것이다.

그러면 그러한 순서가 올바르다는 것은 어떻게 결정되는가? 불행히도 칼빈은 이 점에 대해 아무런 언급을 하지 않는다. 이 순서가 성경에서 계시 받은 것은 아니라는 점은 확실하다. 누군가가 칼빈에게 전승한 것도 아니다. 그것은 칼빈 스스로가 발견한 것이다. 아마도 칼빈은 여러 각도와 여러 순서를 시도해 본 후 지장이 가장 적은 방법을 선택하여 결정했을지도 모른다. 어쨌든 그 결과, 가르치는 순서가 놀랄 만큼 예리하게 확정되었다. 이는 명인의 솜씨나 천재적 직감에 의해 올바른 순서를 발견하고 점점 체계화시킨 것이라기보다는, 놀라울 정도로 깊고 논리적이며 치밀하게 그 체계를 숙고하여 만들어 낸 결과임에 틀림없다. 그러나 그렇게 생각한 과정을 공개하는 일은 자신의 사명이 아니라고 생각했던 것 같다.

그는 회심한 후 박해 하에 있는 개신교 그룹에 참여했는데, 거기서 그는 신참자임에도 불구하고 주위에 몰려든 사람들에게 교리를 가르쳐야 했다. 따라서 그 상황에서 그가 신학적으로 생각해야 했던 것은, 도대체 어떻게 사람들을 가르쳐야 하는가 하는 문제와 결부되어 있었다. 그러면서 그가 내린 결론은, 신학은 하나님을 위한 봉사임과 동시에 인간에 대한 봉사라는 것이었다. 또한 그는 사람들에게 가르칠 때, 그것을 자기 자신에게 가르쳐 자신이 먼저 납득하지 않으면 안 된다는 것을 깨달았다.

나는 앞에서 언급한 신인식과 자기인식의 관련에 대한 문제와 지금 말하는 가르치는 순서에 대한 사색, 이 두 가지가 칼빈이 '기독교 철학'이라 부르는 것의 중요한 핵심이 된다고 본다. '기독교 철학'이라는 약간의 정체불명의 명칭은, 앞의 강의 중 '교리의 요약'에 대한 설명에서도 인용했듯이, 프랑스어판에서 나온 말이다. 비록 칼빈은 이 말을 좋아하지 않았지만, 당시에 어쩔 수 없이 사용한 것 같다. 그것에 내포된 의미는 오늘날 우리들이 신학이라고 부르는 것과 동일하다고 할 수 있다. 단순히 철학적 성격을 띠는 것이라기보다는, 상술한 두 가지 점에 대해 숙고한다는 측면에서 함축적인 의미였다.

3. 인간의 종교성

하나님을 아는 지식은 인류가 본래부터 가지고 있는 것이라고 칼빈은 말한다. 지금까지도 유럽에서 받아들이고 있는 칼빈의 이러한 생각은, 중세신학이 가진 존재론에서 비롯된 것이 아니다. 종교개혁은, 콜럼버스가 아메리카를 발견하므로 인해 유럽인들이 여태까지 몰랐던 새로운 세계가 있다는 사실에 충격을 받은 그 시대에 일어났다. 물론 그 전부터 유럽의 지식인들은 이슬람세계와 인도와 중국에 관해서 약간은 알고 있었다. 칼빈은 이러한 정보를 습득하면서, 모든 인간에게는 신인식이 새겨져 있다고 생각했던 것이다.

칼빈이 종교성(宗敎性) 일반에 대해 진술할 때 사용한 재료는, 주로 고대 로마 철학, 특히 키케로의 『신들의 본질에 대하여』라는 책에 있다. 그런데 이처럼 본래적으로 가지고 있는 종교심을 긍정적으로 평가해야만 하는가? 그것이 충분하지 못한데도 진리를 추구한다고 할 수 있을까? 대답은 '그렇지 않다'이다. 칼빈은 자연적 종교심은 우상숭배로 향한다는 점을 지적했다. 곧 그것은 종교를 지향하면서 오히려 종교로부터의 일탈을 가져온다. 올바른 것을 지향한다고 해서 올바른 것이라고 평가할 수는 없다. 올바른 것을 목표로 하면서도 일탈하는 인간의 모순을 보게 된다.

칼빈이 특별계시에 의하지 않고 자연계시적인 신인식을 생각했는지 아닌지에 관해서는 1930년대부터 논쟁이 있었는데, 지금은 거의 그 사실을 잊은 것 같다. 그것은 신학사에 있어 매우 중요한 사건이었는데, 바로 칼 바르트(K. Barth)와 에밀 부르너(E. Brunner) 간의 논쟁이었다. 양 진영으로부터 여러 권의 책이 출판되기까지 했는데, 이 논쟁은 부르너가 하나님과 인간과의 '접점'이라고 말한 것에 대해서 바르트가 극렬하게 반대하면서 시작되었다. 이 때 바르트는 칼빈의 말을 근거로 반대했다. 이것이 곧바로 칼빈 해석의 논쟁으로 발전하게 되었다. 즉 바르트를 지지하는 칼빈연구가들과 부르너를 지지하는 칼빈연구가의 논쟁이 시작되었던 것이다.

칼빈이 말한 부분이 양의적(兩義的)이었기 때문에 해석이 분분했던 것은 아니다. 비록 칼빈의 신봉자 사이에 두 가지 경향이 있었다 하더라도, 실제 칼빈이 말하는 것 자체는 명백했다. 그 중 한 가지는, 모든 인간에게는 태어나면서부터 신인식이 새겨져 있다는 것이었다. 때문에 모든 사람은 하나님을 인정하지 않을 수 없다는 것이다. 그리고 다른 한 가지는,

신인식에 있어서 결정적인 것은 그리스도를 통해서 하나님을 알게 된다는 것이었다. 하지만 이렇게 분명한 점에 대해서 논쟁하는 것이 별 의미가 없는 것이라고 말할 수는 없다. 칼빈 역시도 분명히 자연계시적 신인식이 있다고 말하고 있기 때문에 그것을 부정한 측에 지나침이 있다고 보는 것은 당연하다.

다만 문제는 이 논쟁이 일어났을 때의 상황이 어떠했는가 하는 점이다. 당시 독일에서는 히틀러가 교회를 국가사회주의의 지배 아래에 두려고 했기 때문에, 몇몇 소수가 이에 대해 저항하기 시작했을 때였다. 그들은 만일 이 상황에서 자연계시적 신인식을 용인한다면, 민족이나 질서와 같이 나치가 교회에 부여하려 했던 원리를 거부하는 투쟁이 일어나지 않을지도 모른다고 우려했던 것이다. 그리스도에 의해 계시 받는 것을 자연계시와 같은 수준에서 따라야 할 진리로 볼 경우, 교회는 투쟁해야 할 분명한 근거를 잃게 된다. 그래서 바르트측 사람들은 그런 인식을 철저하게 배제하지 않으면, 교회가 투쟁하는 일은 생기지 않을 것이라고 생각했다. 그 생각에 대해서는 나도 지지한다.

강압을 동반하는 나치들에 대한 의혹은 끝났지만, 신인식에 대한 의혹은 여전히 계속되고 있다. 특히 오늘날은 예전보다 더욱 교묘한 의혹이 있다. 비록 지금은 없다 해도 이 의혹이 폭력을 발휘하는 날이 오지 않는다고는 말할 수 없다. 그런데 과연 그런 의혹에 대해서 오늘날 교회는 싸울 자세를 지니고 있을까? 싸울 근거가 되는 신학을 가지고 있을까? 이 문제에 대해서는 오늘날뿐 아니라 이후에도 계속해서 생각해 보아야만 한다.

4. 성경에 의한 하나님 인식

『기독교강요』에서 교회의 교리가 본격적으로 논의되기 시작하는 부분은 제6장 "창조주이신 하나님께 나아가는 데에는 인도자 혹은 교사로서의 성경이 필요하다"이다. 그 이전에 논의된 것은 서론이고, 여기서부터 신학의 본론으로 들어간다.

여기서는 창조주를 알기 위해서는 피조물을 보면 된다는 견해는 배제된다. 비록 바로 앞장인 제5장에서 "하나님에 관한 지식은 세계의 창조와 그 부단한 통치에 의해 명백해진다"라고 말한 것과 모순되는 것 같지만, 실은 5장 마지막에서도 말하듯이, 이는 하나님을 인정하지 않는 것에 대해서 변명의 여지가 없음을 확인하기 위해 피조물을 통한 하나님 인식이 설명되고 있는 것일 뿐이다. 하지만 변명의 여지가 없다는 것을 분명히 하기 위해서는 자연계시에 의한 신인식이 유효할지 모르지만, 구원에 이르는 확고한 인식을 위해서는 그것이 별로 쓸모가 없다. 용어의 문제라 할지라도 '인식'이란 말을 가볍게 생각할 경우, 칼빈의 이해를 위한 출발에서부터 차질이 생기게 된다. 칼빈이 애매한 인식은 근원적인 인식이 아니라고 생각한 것은 확실하다. 즉 확인되지 않은 예감이라든가, 인상이나, 추정 같은 것을 인식으로 다루지 않는 신중함이 있었다는 것을 간과하지 말아야 한다.

앞에서 나는 성경론(聖經論)이 본론의 시작이라고 지적했다. 하지만 칼빈은 성경론을 중시하면서도, 정작 이것을 교리의 항목에 넣지는 않았다. 이는 교리체계에 있어서 중요한 것은 교리가 전체적으로 성경적인가 하는 점이지, 성경론 그 자체가 아니라고 말하는 것이다. 여러 중요한 카테키즘에도 성경론은 없다. 성경에서 제시된 내용이야말로 구원에 있어서 중요한 것이지만, 그것을 제시하는 형식을 논하는 것은 그다지 의미가 없기 때문이다. 즉 성경에서 제시된 내용은 자명한 것으로 생각했고, 이 생각은 별다른 의심없이 받아들여졌다. 하지만 성경적이라는 점을 확보하기 위해서는 거쳐야 할 절차가 있었다. 따라서 신학의 원천이 성경이외에는 없다는 것이 자명함을 완전히 이해하고 있었다고 해도 '개신교 신학으로서는' 성경론이 필요했다. 여기서 '개신교 신학으로서는'이라고 말했는데, 당시 모든 것을 신학적 주장의 재료로 삼으려 한 가톨릭 신학과의 차별화를 위해 개신교는 이러한 자기 한정 또는 배제가 필요했다. 그때까지 가톨릭 신학은 이 자기 한정과 배제를 가지지 못했기 때문에(물론 건전한 교리를 유지한 사람도 있기는 했지만), 잘못된 교리의 유입을 차단하는 방법을 알지 못했다.

성경은 '기록된' 하나님의 말씀이다. 그래서 종종 고유명사처럼 된 성경(Bible)보다도 기록물(Scripture)이라는 보통 명사가 잘 사용된다. 하지만 오늘날에는 책이 범람하고 책의 홍수 속에서 성경이 침몰하는 상황이기 때문에, 성경을 먼저 부상시키지 않으면 안 된다. 이는 분명 16세기와는 전혀 다른 상황이다. 종교개혁 당시 성경은 여러 가지 다른 책들에 비해 유일한 책이라기보다는, 말씀을 전하는 여러 가지 전승에 대해 기록된 책이었다. 수동적으로 기록된 것이 객관화되었고, 기록이 완료된 것으로서 바꿀 수 없는 규범이었다. 전승의 내용에 관해서는 올바른 것이라고 인정받았다. "전해진 그대로 믿으면 그것으로 말미암아 구원을 얻으리라"는 말 그대로였다. 하지만 말이 전해지는 사이에 오류의 혼입은 어느 정도 생길 수 있다. 전해지는 말에 전하는 사람의 해석이 섞여 어느 정도 왜곡될 우려가 있는 것이다. 그런데도 이러한 혼입된 오류까지 계속되는 계시라고 주장하는 경우가 있었다. 그래서 기록된 책을 통해서만 하나님의 말씀을 듣는다는 제한이 필요했던 것이다. 거기에는 기록된 말씀만이 말씀이요, 그것은 단순한 문자가 아니라는 점을 명백히 하지 않으면 안 되었다.

그런데 이 점에 대해서 이미 문제제기가 된 바 있었다. 그것은 칼슈타트 등의 급진적인 개혁자가 루터를 공격한 '죽은 글' 부정 논법에서였다. 곧 성경이 죽은 글이 아니라는 것을 증명해야 했던 것이다. 성경으로서 문자화되어 있는 것은 살아있는 말씀의 문자화이다. 물론 문자화되기 이전에 구두전승이라는 단계가 있었음을 칼빈도 인정한다. 그래서 그는 구두전승을 거쳐 문자로 집필되기까지가 하나님의 일차적인 일이었고, 이차적인 일은 기록된 글의 보존이라고 생각했다. 또한 그는 성경이 박해 속에서도 인멸되지 않은 것은 이 책이 하나님의 것임을 증거하는 것이라고 보았다. 따라서 전승이라는 애매한 형태로 하나님의 말씀이 전해진 것에는 신중하게 대처해야 하지만, 성경이라는 형태로 말씀이 전승되었음은 틀림없다고 생각했다. 물론 다른 물건이나 유물, 혹은 예술작품이나 제도 등까지 성경이 전해지는 것과 똑같은 권위를 갖고 전해지는 것은 아니다. 권위를 가지고 전해진 것은 어디까지나 하나님의 말씀뿐이다.

이제 성경의 형성에 있어서 그 형성을 어떻게 설명해야 할지에 대해 논해야겠다. 이것은 제1편의 성경론에서는 다루지 않고 있다. 그러나 성경해석론은 성경론 못지않게 필요하다고 생각한다. 사실 성경론이 강조되면서 오히려 성경해석의 근거는 명확하지 않게 되는 사례가 적지 않게 나타났기 때문이다. 그러면 칼빈은 이 점을 어떻게 생각했을까? 물론 아직은 성경해석론이 질서정연한 교리로서 설명되지는 않았다고 말할 수 있다. 그러나 실제적으로는 나름대로 질서정연함이 있는데, 그것은 교회가 해명해야 할 의무라는 점에서 비롯된다. 성경의 해석단계에서 그것이 개인적인 영역으로 취급되어서는 안 된다. 일반 문서에 있어서 그 형성과 해석을 논하는 이론들이 성경해석의 경우에도 어느 정도 적용은 될 수 있다. 하지만 일반 문서의 형성과 해석에 대한 이론들과 성경의 형성과 해석을 논하는 것은 분명히 구별되어야 한다.

후대 사람들 눈으로 볼 때, 칼빈이 제1편 제7-8장에서 밝힌 성경 권위의 증명이 허술하게 느껴질지도 모른다. 그러나 이것은 당시 칼빈으로서는 성경의 권위에 대해 논증하거나 옹호할 필요를 그다지 느끼지 않았기 때문이다. 당시 사람들에게 있어서 성경의 권위는 자명했다. 곧 성경의 권위는 논증에 의해 나타나는 것이 아니라, 설교 가운데에서 나타나는 것이었다. 하나님의 말씀의 권위가 설교에 의해 소홀히 취급된 채 성경의 권위론만을 강조하는 상황을 칼빈은 좋아하지 않았던 것이다.

또 혹자는 『기독교강요』의 성경론에서 정경론(正經論)이 약하다고 말할지도 모른다. 물론 정경과 외경의 구별에 관해서 대충은 말하고 있지만, 나중에라도 외경에 대해서나 외경을 배제하는 것에 대해서 취급했으면 좋았을 것이라고 본다. 하지만 종교개혁기에 정경 목록을 확정한 최초의 경우는 1559년 프랑스 개혁파교회의 신앙고백에서였다. 그 이후 정경과 외경의 구별은 엄격하게 되어 정경이외의 문서들은 배제되었다. 19세기 각성운동의 일환으로 각지에 설립된 '성경협회'는 정경만을 인쇄해야 한다고 규정하는 경우가 많았다. 칼빈은 그런 시대보다 약간 앞선 시대에 살았기 때문에 외경의 배제까지는 가지 않았다. 제네바 목사들이 올리비탄(Olivetan) 성경을 근거로 하여 개정을 거듭했던 제네바 성경은 외경을 정경과 구별하기는 했지만, 여전히 외경을 포함하고 있었다. 외경을 배제하려는 경향이 강화된 것은 로마 가톨릭이 외경을 근거로 죽은 자를 위한 기도의 정당성을 주장했기 때문이다. 칼빈은 이 점을 반박했다. 하지만 이 후 여전히 죽은 자를 위한 기도가 강조되었고, 그에 따라 그것에 대한 반대도 거세졌다.

5. 신 존재(神 存在)

칼빈에게 있어서 하나님은 중세신학이 파악한 것처럼 존재론적으로 증명되는 그런 존재가 아니었다. 그것은 철학적 표현을 넘어선다. 칼빈에 있어서 하나님은 철학자의 신이 아니라 예수 그리스도이신 하나님이다. 그는 하나님이 (철학적으로) 개념화되는 것을 거부했다.

성경의 하나님의 회복에 대한 이해의 실마리가 되는 것은 "너는 너를 위하여 어떤 우상도 만들지 말라"라는 제2계명의 회복이었다. 동방교회나 서방교회 양자는 하나님을 눈에 보이는 시각에 호소하는 방법으로 민중을 가르치려 했다. 하지만 그것은 유대교가 구약성경의 가르침을 따라 엄중히 금지했던 일이다. 이것은 어떤 종류의 종교가 될 수 있을지는 몰라도, 분명히 성경의 종교로부터 이탈하는 것이었다. 이 이탈을 감추기 위해서 로마 가톨릭교회는 제2계명을 제1계명의 부록으로 삽입하여 매장하였다. 당시 십계명의 번호 매김이 기독교회에서는 확정되지 않았는데, 로마 가톨릭교회는 제1계명 다음으로 지금 우리가 말하는 제3계명을 제2계명으로 하고 그 뒤에 순서대로 하나씩 앞당긴 후, 마지막 제 10계명을 두개로 나누어 10가지 계명으로 수를 맞추었다.

그런데 이 제2계명을 본래대로 회복하는 일에 루터파는 그다지 열심을 내지 않았다. 오히려 제2계명의 회복을 이끌어 낸 것은 휴머니스트 출신의 개혁자들이었다. 그들은 초대교회의 십계명의 관례, 또는 유대교의 관례를 조사하여 가톨릭과 다른 것으로 바꾸었다. 물론 그런 사람들이 루터파에도 적지 않게 있긴 했지만, 문제점을 통찰하거나 교회의 철저한 개혁에 대한 관심이 부족했던 루터파에는 여전히 약간의 우상적인 요소가 남게 되었다.

하나님을 화상(畵像)으로 만든 일에 교회는 여러 가지 구실을 붙였다. 그 중 한 가지는 (서방교회의 주장으로) '교육의 편의'라는 현실론이었다. 또 다른 한 가지는 (동방교회의 주장으로) 지상에 있는 화상(畵像, 아이콘)을 통해 천상에 있는 영원한 원화상(原畵像)을 직관 혹은 관조한다는 이론이었다. 전자가 실제로 큰 유혹이라 하더라도 이론적으로 다루기에는 부족했다. 그러나 후자는 속이는 것같이 보일지도 모르지만, 어쨌든 철학적인 주장이었다. 이것은 플라톤의 이데아 철학을 기독교 신앙의 중추에 놓으려고 한 것이라고도 말할 수 있다. 물론 철학은 사물을 추상화하기 때문에 가시적 형태를 가지지 않는다. 다만 그것은 실체를 가시적이 아닌 이미지, 개념, 상징, 또는 기호로 바꾼다. 하지만 회화와 조각뿐 아니라 기호 표시도 문제이며, 신화적 표상, 더욱이 개념화 역시 우상화와 동일한 일탈이라 할 수 있다. 이런 것들을 배제하는 일이 기독교회의 회복을 위해 필요했다. 오랫동안 기독교적 경건은 살아있는 말씀을 떠나 이미지(像)에 의해 지탱해 왔기 때문이다. 바로 여기에 위험스러운 것이 도사리고 있었던 것이다.

화상에 의해 설명되고 표시되는 것을 거부하시는 하나님을 성경은 '살아계시는 하나님'이라 말한다. '살아계시는 하나님'은 스스로 가시적인 형태를 취하시지 않으며, 개념의 세계 속에 하나의 개념으로 존재하는 것에 만족하시지도 않고, 상징으로 스스로를 바꾸시지도 않는다. 그 분은 오로지 말씀에 의해서만 자신을 계시하신다. 그러므로 하나님께 드리는 예배는 화상을 섬기거나 화상으로부터 하나님을 직관하는 것이 아니라, 말씀을 듣는 일이요, 말씀을 지키는 일이며, 말씀을 가지고 응답하는 일이다. 이것을 종교개혁 이전의 교회에서는 크게 잃어버렸던 것이다.

위에서 칼빈의 신개념과 철학적 신개념과의 차이를 강조했는데, 그렇다고 해서 그것을 신비주의적 신개념에 가까운 것으로 보는 것도 바르지 않다고 생각한다. 물론 중세말기 신비주의에는(스콜라신학에의 반동이기도 하지만) 개념으로 파악될 수 없는 신을 말하는 점이 있었고, 이것이 종교개혁에로 연결되었다고 볼 수도 있다. 그러나 신비주의에서는 말씀을 배제하기 때문에, 이 점에서 칼빈과는 상당히 동떨어져 있었다고 말할 수밖에 없다. 형태《像》가 아니라 말씀이라고 하는 것에 대해 관념화를 좋아하는 사람들로서는 기쁠지도 모른다. 하지만 우상과 구별되는 하나님은 예배를 요구하며, 예배를 받으시는 살아계신 하나님이시다. 하나님에 관한 교리에 있어서 종교개혁측이 로마 가톨릭에 이의를 제기하지 않는 것처럼 보이는 것이 있을 수 있다. 그러나 그러한 교리의 항목들 역시 외견상은 비슷할지 몰라도, 교리체계 전체를 놓고 볼 경우 둘 사이가 크게 다르다는 것을 알 수 있다.

6. 삼위일체

칼빈의 삼위일체론은 고대 교회가 파악한 신학적 유산을 계승했다. 칼빈은 여기에 새로운 독자적인 어떤 이론을 덧붙이지는 않았다. 단지 고대의 삼위일체론이 신존재 문제와 관련되어 삼위일체적 구조 혹은 배분에 중점을 둔 것에 비해, 칼빈의 삼위일체론은 구원 사역에 중점을 두고 있다는 점이 다르다.

종교개혁기에는 삼위일체를 부정하려고 시도하는 이들이 있었다. 언뜻 보기에는 삼위일체가 성경적 어휘가 아니라 단지 고대교회의 잔재에 불과한 것으로 생각될 수도 있었다. 따라서 삼위일체를 부정하려는 시도들이 고대교회의 잔재들을 불식시키는 데 있어 그럴듯한 것으로 보일 수 있었다. 그러나 사실 당시 삼위일체 부정론은 기독교에서의 탈피를 목표로 하는 자유사상이었을 뿐이다. 따라서 그것은 엄격히 배제되어야만 했다. 칼빈이 『신앙 입문』에서 삼위일체론에 입각하지 않았다는 이유로 그에게 악의를 품었던 사람으로부터 공격을 받은 사건은 유명하다. 칼빈은 이에 대해 곧바로 해명했는데, 이는 그가 삼위일체론을 중요하지 않은 것으로 보았기 때문이 아니었다. 더군다나 그것은 이의를 제기하고 거칠게 변명할 만한 상황도 아니었다. 단지 삼위일체라는 말만 내걸면, 혐의를 받지 않고 끝난다는 점을 칼빈도 알고 있었다.

종래의 기독교는 삼위일체를 중심단어(key word)로 여겼다고 말할 수 있는데 반해, 칼빈주의자들은 '오직성경'을 중심단어로 여겼다. 그래서 카테키즘에서는 삼위일체라는 용어를 사용하지 않아도 괜찮았다. 그러나 삼위일체라는 용어를 사용하지 않으면, 표현할 수 없는 신앙의 중요점도 있었다. 그런데도 칼빈은 성경의 용어 이외의 단어를 사용할 수밖에 없는 문제에 대해서 보다 신중했다. 물론 그는 성경의 용어는 아니지만, 그것에 의해 이야기되는 것은 성경적인 것이라고 생각했다. 따라서 그가 이 문제에 대해 신중했던 것은, 고대 교회의 삼위일체론이 성경적이라는 것을 망각해서가 아니라, 삼위일체를 생각하는 사고가 철학적으로 되기 쉽고, 심지어 성경을 떠난 사고로 될 수 있다는 점을 염려했기 때문이다.

삼위일체는 하나님을 고대 사람들이 생각했던 철학에 따라 이해하려고 하는 것은 아닌가라는 의문을 가지게 한다. 그런 고대의 철학을 속속들이 알지 못하는 사람들로서는 삼위일체의 하나님을 좀처럼 파악하기 어렵기 때문이다. 그래서 오늘날, 특히 일본과 같이 서구와 다른 철학을 가진 나라는 삼위일체론을 이해할 수 없는 것이 아닌가, 따라서 삼위일체와 다른 이론을 내세울 필요가 있지 않은가 하고 생각하는 이들도 있다.

그러나 셋이 하나가 되고, 하나가 셋이 된다는 도식은 비기독교 세계에서도 많다. 셋을 조합한 우상을 만드는 경우도 적지 않다. 삼위일체를 이런 식으로 세상의 것들에서 취하려는 것은 결국 우상화 혹은 이교화밖에 되지 않는다. 거룩하신 하나님의 정체성인 '스스로 존재하시는 분'으로서의 하나님을 제대로 나타내지 못하는 말 바꿈은 파멸뿐이다. 단일 위격인 하나님은 하나님 이외의 것이 중보자로 서지 않으면 안 된다.

결국 하나님 자신이 중보자가 되기 위해서는 하나님이면서도 위격이 구별되는 분이 필요하다.

7. 창조주 되신 하나님, 천사의 창조, 인간의 창조

칼빈은 창조를 논하는 중에 천사의 창조에 대해 많은 지면을 할애했다. 그것은 가톨릭이 천사의 위치를 높인 것에 대해서 축소하려는 의도가 있었기 때문이라고 생각한다. 가톨릭에서는 그리스도가 유일한 중보라고 하는 것을 가볍게 생각하면서도 여전히 중보의 필요를 느꼈기 때문에, 마리아나 여러 성인, 또는 여러 천사를 대량생산하였다. 그러나 개신교신학에서는 이들의 중보를 파기했다.

중세신학에서는 천사의 창조와 천사의 기능을 논하는 천사론이 중요한 위치를 차지하고 있었다. 종교개혁이 이것을 부정한 것은 미신적이라는 이유에서만은 아니었다. 중세신학은 존재론적으로 구축되었기 때문에, 천사의 존재를 인간세계 위에 자리하게 할 필요가 있었다. 반면에 개신교신학은 존재론에 의존하지 않았기 때문에 그럴 필요를 느끼지 않았던 것이다. 하지만 그렇다고 개신교신학이 천사의 존재를 단순한 미담이나 신화로 모두 부정하는 것만은 아니다. 히브리서 1장 14절에서도 "섬기는 영, 구원을 받는 사람들에게 봉사하는 것"으로서 천사의 활동은 인정되고 있다.

인간의 자기인식이 죄의식을 주요한 부분으로 한다는 것은 분명하다. 그러나 여전히 인간이 자기인식으로서 스스로 중한 죄인이라는 점을 순순히 받아들일 수 있을까 하고 생각하는 사람도 많을 것이다. 인식의 확고함이라는 면에서 고찰해 볼 때, 이런 인간의 자기인식에는 문제가 있다는 것을 알 수 있다. 인간의 악에 대해서는 경험으로도 어느 정도 알고 있다. 즉 죄인에 대한 자연적인 자기인식이 어느 정도는 성립될 수 있다. 그러나 그 인식은 매우 애매한 것으로 감정적이며, 상황에 따라 좌우되기 쉽고, 이 인식을 더욱 발전시키지는 못한다. 따라서 죄인식에서 책임의식으로 착실히 발전해 가기는 어렵다.

인간 인식의 올바른 순서는, 첫째로 인간은 하나님의 창조물이라는 점이다. 더욱이 하나님이 보시기에 심히 좋다고 여기신 것으로 창조되었다는 점(창 1:31)이다. 둘째로는 창조된 지위에서 타락한 존재가 되었다는 점이다. 인간의 타락은 자연적인 인식으로는 성립될 수 없다. 하나님으로부터의 계시에 의한 성경의 가르침이 아니면 그것을 알 수 없다. 하지만 선하게 창조된 인간이 범죄로 말미암아 타락했다는 이 순서를 분명히 짚고 넘어가지 않으면, 인간 인식은 불안정할 수밖에 없다. 그리고 그런 인식을 지닌 인간으로서는 비록 비참함에서 구원받는다는 것을 안다고 해도 정서적인 단계를 뛰어넘을 수 없다. 그러한 구원의 인식은 결코 견고할 수 없다.

창세기 1장 26-27절에 의하면, 인간은 하나님의 형상대로 창조되었다. 그렇다면 그 하나님의 형상이 지금의 인간의 형상 속에도 남아 있을까? 대답은 '남아 있다'이다. 하지만 그 형상은 뒤집힌 형상으로 존재한다. 인간이 다른 모든 피조물보다 뛰어나게 피조되었다는 점은 분명하다. 그러나 도착(倒着)되어 있기 때문에 우수하다는 것 뿐, 그것만으로도 비참한 것이다. 하나님의 형상이 파괴되었다거나 부패했다, 또는 잃어버렸다는 표현도 좋지만, 칼빈이 좋아하는 표현은 '도착되어 있다'였다. 본래의 형상을 간신히 유지하고 있다고 말할 수 있지만, 그것이 상하 반대로 되어있다는 것이다. 이러한 하나님의 형상의 회복은 오직 하나님의 형상인 그리스도로 말미암는다.

8. 자유의지의 문제

인간에 대한 본질적 문제는 자유의지론에 관한 것이며, 이는 아우구스티누스 시대 이후부터 논의된 문제이다. '자유의지'라는 것은 의지가 아무 것에나 자유롭기를 원한다는 의미가 아니라, 구원을 선택하느냐 마느냐 하는 의지의 자유에 관한 것이다. 『기독교강요』 제1편 〈인간의 창조에 관하여〉, 제2편 〈구속을 필요로 하는 인간의 상태에 관하여〉, 제3편 〈의인(義認)이 적용되는 인간에 관하여〉 등 세 곳에 걸쳐서 이러한 인간의 자유의지는 부정되었다.

아우구스티누스와 그 정신을 계승한 사람들, 그리고 종교개혁자들까지 '자유의지는 없다'는 입장을 견지했다. 그런데 아우구스티누스는 명목상의 권위를 지나치게 내세워 사람들을 설득하는 것은 반대했다. 이런 면에서 비록 종교개혁이 아우구스티누스의 정신을 부흥시킨 것이긴 하지만, 그것은 단순한 아우구스티누스의 부흥이 아니라, 의인론에 있어서 아우구스티누스를 능가함으로써 이루어진 것이다. 한편, 자유의지가 없다면 인간의 책임은 어떻게 되는 것인가? 이것은 자유의지 부정론에 대해서 옛날부터 제기되었던 일관된 반론이었다. 물론 인간의 책임이 불문에 부쳐질 수는 없다. 오히려 인간의 책임은 하나님의 은혜의 근저에서 더욱 명확해진다.

9. 섭리론

창조자가 무(無)에서 천지만물을 창조했다는 것을 인정해야 한다는 생각은 광범위하게 받아들여지고 있었다. 보통 인간의 생각으로도 존재의 기원을 우연적인 것으로 받아드릴 수는 없었기 때문이다. 그러나 창조되자마자 피조물은 창조자의 손을 떠나서 독립했다고 보는 생각도 널리 퍼져 있었다. 즉 만물의 기원에 관해 설명할 수 없음으로 하나님의 절대적 힘과 의지에 의한 창조를 인정하기는 하지만, 그 이외의 것에 있어서는 내재적 법칙에 의한 독립 혹은 자립이라는 생각이 통례적이었다. 이에 반해 섭리신앙은 그러한 생각과 대립된다. 섭리신앙은 하나님의 존재를 인정하지 않거나 하나님이라는 존재를 동경만 하는 종교관념과는 아주 다르다. 단순한 관념과의 차이를 명확하게 하는 것이 섭리론이다. 이것이 칼빈의 가르침을 실천적으로 만드는 역할을 하고 있는 것 같다.

섭리에 관해서는 『기독교강요』에서 상당히 신중하게 다루어진다. 비록 내용적으로는 단순할지 모르지만, 섭리에 대한 신앙은 신앙인의 삶의 자세의 근간이 되기 때문이다. 하나님의 뜻이라는 원리가 확정되지 않은 곳에서는 모든 논의가 공전(空轉)할 수밖에 없다는 것을 칼빈은 잘 알고 있었다. 너무나도 당연하고 단순한 것이기 때문에 간과하기 쉽지만, 이는 중요한 문제이다. 물론 섭리라는 말 자체는 성경에 없다. '프로비덴티아'(providentia)라는 것은 '미리 본다'는 의미인데, 이것은 스토아 철학에서 기독교로 유입된 것으로서, 기독교는 이것을 문제없이 받아들였다.

제4장 『기독교강요』 제2편 : 중보자

1. 약속된 그리스도, 이 땅에 오신 그리스도 2. 인간의 타락에서 설명이 시작됨 3. 율법의 해석 4. 율법과 복음의 공통점과 차이점 5. 율법의 3가지 용법 6. 칼케돈 기독론 7. 그리스도의 직무, 일, 그 일회성 8. 그리스도의 삼중직, 선지자직 9. 왕권 10. 제사장직, 죽음과 부활, 승천, 재림

1. 약속된 그리스도, 이 땅에 오신 그리스도

『기독교강요』 제2편의 표제는 "그리스도를 통한 구속주 되신 하나님, 이 하나님에 관한 인식: 처음에는 율법으로 조상들에게, 후에는 복음으로 우리들에게 계시되었다"로 되어 있다.

칼빈은 구속주로서의 하나님 인식이 기독교 고유의 신인식이라는 것을 계속 강조했으며, 가르치는 순서로서도 창조주 되신 하나님 인식을 우선시했다. 이 순서의 중요성에 대해서는 다시 설명하지 않겠다.

제2편에서는 그리스도를 다루고 있는데, 그리스도의 인식은 육신이 되어 역사의 한 시기에 나사렛 예수로 나타난 그리스도를 인식하는 것으로 한정되어서는 안 된다. 그리스도에 대한 고찰은 율법에 약속된 것에서 시작되어, 약속의 성취로 오시고, 나아가 종말시의 재림에까지 미치지 않으면 안 된다. 그렇다면 그리스도의 오심에 관한 약속은 율법 이전으로까지 거슬러 올라가서 이해해야만 되지 않을까? 즉 먼저 낙원(樂園)에서 약속되었다고 말해야 하지 않을까? 하이델베르크신앙문답 제19문을 읽은 사람이라면, 이 의문을 갖게 될 것이다. 이 문제에 답하기 전에 여기서 칼빈은 '율법'을 넓은 의미로

보고 있다는 해석도 가능하다. 즉 모세오경을 율법이라고 부르는 가장 오래된 관례가 있지만, 구약 전체를 신약과 대비해서 율법이라고 부르는 것도 가능하다는 것이다. 그러나 지금 문제 삼는 점에 대해서 말하자면, 칼빈이 제7장에서 "율법을 주신 것은 구약의 백성을 율법 그 자체에 묶어두려는 것이 아니라, 그리스도를 통한 구원의 희망을 가르치기 위해서였고, 궁극적으로는 그 분의 오심을 위해서였다"고 논했을 때, 여기서 율법은 좁은 의미의 율법이었다.

그리스도의 오심에 관한 약속은 낙원에서 시작되는 것이 아니냐는 의문에 답하기 위해서는, 하이델베르크신앙문답의 배경을 통해 해명되어야 한다. 이 배경은 창세기 3장 15절에서 은혜 언약의 발전을 보려는 사상계열, 즉 쯔빙글리 이후 개혁파 신학의 하나의 흐름을 이루는 코케이우스(Johannes Cocceius)의 계약신학에 와서 정점에 도달한 그 흐름을 말한다. 재세례파가 유아세례를 부정했을 때, 이에 대해 쯔빙글리가 제시한 반론의 강력한 논거는 구약에서의 이스라엘 자손의 할례였다. 즉, 할례가 옛 언약의 인침이라면 새로운 언약의 인침인 세례인데, 이는 구약의 할례를 계승한 것으로, 약속의 자녀들에게 주어야 한다는 점에서 언약은 구약시대부터 신약

시대까지 일관되게 있었다는 것이다. 그런데 이러한 언약의 역사는 처음으로 거슬러 올라가지 않으면 안 된다. 따라서 언약이라는 동기를 중요시하면 할수록 처음부터의 언약을 강조하게 된다. 이런 계열의 사람들은 창세기 2장 17절의 "에덴동산 가운데에 있는 선악을 알게 하는 나무의 실과는 먹지 말라"는 금지는 계명이요, 이 계명을 지키면 살고, 이것을 어기면 죽게 된다는 것은 율법적 언약이라고 해석한다. 신학적으로 칼빈은 이 견해에 매우 가깝지만, 그것에 완전히 동조하지는 않았다. 칼빈은 "처음 아담에게 구원의 약속이 주어졌을 때, 그것은 이른바 희미한 불꽃같이 번쩍거렸을 뿐이었다"고 했다(「기독교강요」 2. 10. 20). 즉 우리들에게 인식되는 것처럼 나타나지는 않았다는 것이다. 하지만 율법수여 이전에도 구원의 약속이 나타난 적은 있다. 그것은 아브라함과의 언약이다. 아브라함은 그 약속을 확실하게 알고 있었다. 그래서 칼빈은 아브라함을 모든 신앙인의 아버지라고 말했다. 그는 율법이 아브라함이 죽은 후 400년이 지나서 주어진 것은 아브라함과의 약속을 파기하기 위함이 아니라, 언약갱신을 위해서였다고 말한다. 즉 모세를 통한 율법수여가 이스라엘이 이전에는 몰랐던 새로운 것이라고 하는 근대의 종교사적 해석은 올바르지 않다. 구약종교를 파악하면, 그 대표는 아브라함이지 모세가 아니다. 아브라함은 더욱이 신약의 신앙인에게서도 믿음의 아버지라는 칭호를 받았다.

기독교회에서는 고대부터 예표론(豫型論, typology)이라고 하는 구약 이해를 받아들이고 있다. 고린도전서 10장 6절에서 "이런 일들이 우리들을 위한 튜포스(τυπος, 본보기)이다"라고 한 것에서 이 명칭이 붙었는데, 이는 구약의 사건이 신약의 사건을 미리 알리는 타입(type) 또는 프로토타입(prototype), 즉 원형이라고 보는 수법이다(그런데 어떤 이는 이 '튜포스'를 '경고'라고 번역하기도 하고, '전례'라고 번역하기도 하는데, 이렇게 번역하면 단어의 의미가 사라져 버리는 것은 아닐까?). 다른 말로 하면, 약속이 있고 그 약속에 대한 성취가 있는데, 이 약속과 성취 사이에는 대응의 관계가 있다는 식으로 구약을 해석해 가는 방식으로, 구약의 풍유(알레고리)적인 해석의 일종이라 하겠다. 일면 그리스도에 초점을 맞추는 데 있어서는 올바르다고 생각할 수 있지만, 칼빈은 구약주석에 있어서 이러한 해석에 대해 상당히 엄격했다. 왜냐하면 이러한 해석이 말씀 본래의 의미에 입각해서 해석하는 원리에 부합하지 않는 것으로 보았기 때문이다. 즉 말씀이 말하지 않는 부분을 받아들여 보충하는 식으로 해석하는 것은 안 된다는 것이 칼빈의 입장이었다. 풍유적인 혹은 예표적인 해석에 의해 그리스도와 관련된 약속을 구약의 시작까지 거슬러 올라갈 수 있다고 하더라도, 그것은 예수 그리스도를 아는 자가 결과로부터 연원을 역산해서 답을 맞춘 것이지, 먼저 있었던 것에 의해서 후에 오는 것을 아는 것은 아니다.

 율법의 기원에 나타난 것은 결코 희미한 불꽃같은 암시가 아니었다. 그것은 다른 해석이 허락되지 않을 정도로 분명하고도 철저하게 가르쳐준 인식이다. 다만, 신약에 있어서의 인식과 비교할 경우 다소 애매하게 보일 수도 있다. 즉 말하자면, 본체에 대한 그림자로서 구원의 확신의 근거로 삼기에는 좀 부족한 점이 있다는 것이다. 마치 자연계시가 하나님 인식에 대해서는 변명의 여지가 없을 정도로 명확히 제공하지만, 구원의 인식에는 전혀 도움이 되지 않는 것과 같은 경우다. 그리스도에 관한 인식은 낙원에 있어서의 암시 정도의 애매한 것으로, 또는 아브라함에게 주어진 약속의 말씀에 의해 나타난 것으로는 충분하지 않다. 이런 식으로 말씀에 의해 보이셨기 때문에 유대인은 그리스도를 대망하지 않으면 안 되게 되었다.

 그러면 그리스도는 율법에서 어떻게 나타나고 있는가? 그것은 긍정적인 모습과 부정적인 모습이 결부된 모습으로 나타난다. 하나님은 중보자 없이는 은혜로우신 하나님으로 나타나지 않는데, 그 중보자가 약속되어 있었다(2. 6). 좀 더 자세히 설명하면, 타락한 후 하나님을 은혜로우신 분으로서 기대하는 것은 일체 불가능하게 되었다. 그럼에도 불구하고, 율법의 제의규정(祭儀規定)이 화해자로서의 하나님을 나타낸 것은 중보자에 의한 화해의 길이 준비되어 있었기 때문이다. 뒤에서 보게 되겠지만, 인간의 타락이 분명히 파악되면, 율법이 구속주 되신 하나님을 나타낸다는 것이 분명하게 된다.

혹자는 율법을 완전하게 지키도록 하는 불가능한 요구를 내세운 것은, 구원의 길을 막기 위한 것이 아닌가라고 말하는 경우가 있다. 그러나 『기독교강요』에서 지금까지 공부해온 가르침의 순서를 잘 생각해보면, 이처럼 희망 없는 자를 위해 길이 열려있음을 알 수 있다.

육신이 되어 나타나신 그리스도에 대한 예고는 율법과 예언자에 의해 이루어졌다. 이 중에서도 예언자에 의한 예고가 율법에 의한 예고보다 한층 더 명확하다. 그것은 확고한 인식이 될 수 있을 만큼 충분하다. 하지만 약속을 성취하시려고 육신의 몸을 입으신 예수 그리스도에 대한 인식은 사도들의 증언에 의해서 보다 명확하게 확립된다. 사도의 증언으로서는 먼저 사실에 대한 기술서인 복음서가 있고, 다음으로 이것을 해설한 서신서가 있다. 이 증언들에는 더 이상 덧붙일 것이 없다. 이와 같이 예언자와 사도의 증언이 교회에 의해서 계승되는 것이다.

2. 인간의 타락에서 설명이 시작됨

『기독교강요』의 첫머리에 언급된 자기인식이 『기독교강요』 전편을 통해 가장 자세히 설명되는 곳은 제2편에 있는 처음 다섯 장에서이다. 이 부분에서 칼빈의 인간관찰은 매우 예리하다. 첫째로, 그는 인간의 현상(現狀)과 가능성에 있어서 인간을 즐겁게 하는 서술은 배제되어야 한다고 했다. 인간의 가능성에 관해 극히 근소한 분량이라도 남아 있다고 말하는 자는 거짓이다. 비단 거부되어야 하는 것은 이러한 인간에 대한 낙관주의적 긍정론만이 아니다. 가톨릭 신학은 자력구원의 희미한 가능성을 남기고 있는데, 이런 가능성마저도 철저히 버려져야 했다. 덧붙여, 로마 가톨릭에서 말하는 자력구원과 조금이라도 관련이 있을 만한 주장은 그 어떤 것도 허락되어서는 안 되었다.

한편 인간은 죄의 덩어리 혹은 비참함 그 자체라고 딱 잘라 가르치는 교사가 많았고, 또 그러한 가르침이 환영받기도 했다. 아마도 이것은 이해하기 쉬운 단순함 때문이었을 것이다. 그러나 칼빈은 이런 방식을 취하지 않았다. 그런 개념의 단순화는 인간을 가치 있는 것으로 칭찬하는 개념화와 어떤 의미에서 서로 통할 수 있고, 또한 비교적 용이하게 한 쪽에서 다른 쪽으로 전환할 수도 있기 때문이다. 그러므로 인간의 자기 인식과 성찰을 보다 깊게 파고들지 않으면 안 되고, 무엇보다도 하나님의 말씀에 기초한 인간인식이 필요하다.

루터의 일도양단(一刀兩斷) 논법과 비교해 보면, 칼빈의 인간 인식이 훨씬 신중하다. 아마도 이는 휴머니즘의 영향 때문이라고 말할 수 있을 것이다. 칼빈은 인간의 존재와 그가 하는 모든 일이 죄라고 지적했다. 그러나 그는 구원과 관련이 없는 부분에서는 인간의 일에 한계가 있긴 하지만 여전히 의의가 남아 있다고 인정했다. 이것이 문화를 완전히 거부하지 않는 길이 되었다. 하지만 그렇다고 문화적인 공적을 논하는 것은 아니다.

또한 칼빈은 여기서 아우구스티누스 시대 이후 주된 관심사였던 자유의지에 대해 상당한 지면을 할애하고 있는데, 이는 당시 사람들의 관심으로 보아 이 문제에 대해 명쾌한 해답을 해주지 않으면 안 되었기 때문인 것으로 보인다. 자유의지에 대해서는 인간 창조에 대한 항목에서도 논하고 있지만, 여기서도 어느 정도 논하고 있다. 아우구스티누스의 인용이 많지만, 그렇다고 이것이 칼빈이 아우구스티누스를 중시했다는 것을 의미하는 것은 아니다. 다만 이는 당시 아우구스티누스가 가장 유명한 교부였고, 따라서 그의 말을 인용하는 것이 반대자의 입을 봉하는데 가장 유효했기 때문이다. 물론 종교개혁이 아우구스티누스의 펠라기우스 논쟁을 계승하고 있는 것은 확실하다.

인간에 대한 인식은 앞의 창조의 항목에서도 언급했듯이, 하나님에 의해 창조되고 하나님의 눈에 좋게 비춰진 본래의 인간에 대한 인식과 함께, 거기서 떨어져 본래의 모습을 잃고 타락한 상태가 된 인간의 자기인식이 공존한다. 여기에 인식의 이중성과 인식의 순서가 있다. 인간의 타락을 처음부터 설명하면, 그리스도의 구속하심과 성육신에 대해 이해하기가 쉽다. 간혹 어떤 사람은 "만일 인간이 타락하지 않았다면, 그리스도는 육신을 입지 않았을까?"라는 질문을 하기도 한다. 하지만 이것은 무의미한 질문이다.

그런데 아담의 타락이 어떻게 원죄가 되어 계속해서 후손들에게 계승될 수 있을까? 이는 조상의 죄책이 후손에게 계승되는 일면이 있기 때문이다. 따라서 인간은 누구나 태어나면서부터 부채를 지게 된다. 더군다나 이와 더불어 모든 인간은 부패하고 도착된 본성을 물려받았기 때문에, 태어나면서부터 부패하고 도착되어 있다.

3. 율법의 해석

칼빈은 율법을 높이 평가했는데, 이 때문에 칼빈은 독일 루터교 계통의 학자들로부터 복음적이라기보다는 율법적이라는 비판을 받기도 했다. 그런데 이러한 비판이 우리 주위에서도 조심 없이 받아들여지고 있다. 물론 칼빈이 율법을 높이 평가했다고 보는 것은 옳다. 율법이 중요하지 않다고 여기는 이들에 비하면, 칼빈은 율법을 놀랄 만큼 높게 평가했다. 그러나 이것은 율법주의적으로 율법을 높게 치켜 세운 것이 아니라, 그리스도와의 관계에 있어서 율법을 바르게 파악한 것에 지나지 않는다.

그리스도는 복음으로 나타났지만, 율법 아래에서 예지되고 약속되었다. 즉 예수님은 가이사 아구스도가 다스릴 때 베들레헴에서 태어나 나사렛에서 성장한 다음 처음으로 세상에 알려진 것이 아니라, 구약에서부터 약속이라는 형태로 알려진 것이다. "너희 조상 아브라함은 나의 이 날을 볼 것을 즐거워하고 있었다. 그래서 그것을 보고 기뻐하였느니라"고 주님은 요한복음 8장 56절에서 말씀하셨다. 여기서 구약과 그리스도와의 관련성은 명백하다. 그리스도는 율법의 여러 가지 규정, 제의의 집행 속에 명확히 예표되어 있다.

율법의 의의는 이 땅에 오신 그리스도로부터 빛을 받아서 밝혀져야만 한다. 사람은 율법에 의해 죄를 알게 되고, 그리고 그 죄로 인해 그리스도의 구원을 구할 수밖에 없게 된다. 율법은 이른바 자녀를 교육하는 몽학선생〈養育係〉과 같다는 갈라디아서의 주장은 루터파에게 있어서 특히 중요시된다. 하지만 그것은 율법의 역할 중 한 부분에 불과한 것이지 전체가 아니다. 또한 몽학선생이라 하더라도, 그것은 오직 그리스도에게로 인도하는 확고한 방향을 가진 몽학선생이다. 몽학선생을 주장하는 사람들 사이에 이러한 인식이 확실히 자리하고 있는지는 잘 모르겠지만, 몽학선생 그 자체는 목적지를 잘 판별하는 인도자인 것만은 확실하다. 율법의 계명을 그 자체로서 이해하는 것은 모래를 씹는 것 같이 맛없는 해석으로 끝나고, 또 율법 제정의 목적에서도 멀어진다. 율법은 오직 그것이 뜻하는 바에 입각해서만 해석되어야 한다. 제8장의 십계명을 해설한 곳에서 칼빈은 실제로 십계명의 각 항목을 그리스도의 빛에 의해서 명백하게 밝히고 있다. 그것은 예수님이 마태복음의 산상수훈 설교에서 모세의 율법을 올바르게 밝히신 것에 따르고 있다.

4. 율법과 복음의 공통점과 차이점

여러 번 반복해서 말했듯이 루터파에 있어서는 율법과 복음의 대립이 강조되었다. 복음을 드러내기 위해서 율법을 깎아 내렸다고 말해도 과언이 아니다. 이런 조치가 꼭 필요했던 것은 아니지만, 루터의 여러 가지 매력적인 논법이나 멜랑히톤의 '율법을 통해 죄를 깨달은 그리스도에로의 길'이라는 이론을 쉽게 알 수 있게 되므로, 이러한 이해가 루터파에서는 율법 이해의 전면에 나오게 되었다. 하지만 이런 이해는 수정되지 않으면 안 된다. 사실 이 후 루터파에서는 수정된 표현이 공식적인 것이 되었는데도 일반적으로는 그렇게 받아들여지지 않고 있다. 이처럼 처음 가르치는 방식의 차이가 훗날까지 남는 것을 보게 된다. 따라서 칼빈에게서 배우는 자는 그런 실수를 되풀이하지 않도록 해야 할 것이다.

율법과 복음은 동일하신 하나님께로부터 나온 것이므로 본질적으로 같다. 이 둘은 그리스도를 나타내는 동일한 목적에서 공통성과 연속성을 지닌다. 따라서 이 둘은 구속사 전체로 확대시켜 파악되어야만 한다. 그러나 그렇다고 해서 율법과 복음을 모든 점에서 연속선상에 놓고 파악해서는 안 된다. 왜냐하면 분명 대립되는 면도 있기 때문이다.

이러한 둘의 관계 속에서 그리스도가 '율법의 완성'이 되신다. 그리스도는 율법을 폐하기 위해 오신 것이 아니라고 말한다. 그러나 적어도 그리스도가 온 것으로 인해 율법의 한 가지 의무는 끝났다. '율법의 완성'에서 '완성'이라는 것은 목적 또는 목표의 의미를 포함한 마지막을 말한다. 여기에는 '완성하셨다'는 종국적 의미도 있기 때문에 차이점을 파악하는 것이 중요하다. 의인(義認)과 관련해서 율법은 "이것(율법)을 행하는 자는 그것(행함)으로 산다"라고 약속한다. 그런데 이 약속을 잘못 이해하고서는 그것을 행할 수 없다고 망설이는 사람도 있다. 물론 율법에는 저주하는 면이 포함되어 있기도 하지만, 이 저주는 그리스도가 십자가를 지신 것으로 끝나게 되었다. 일반적으로 율법을 거쳐 그리스도에게로 온다는 것을 그리스도가 왔기 때문에 율법은 폐지된다는 것으로 이해하는 경향이 있는데, 이것은 마치 우리들이 율법 폐지의 판단 주체요, 또한 우리들을 위한 유용성이 판단기준이라고 말하는 것과 다를 바 없다. 하지만 이것은 결코 바른 것이 아니다. 율법은 부분적으로, 즉 의식규정(儀式規定)의 측면에서는 폐지되었다고 할 수 있다. 하지만 그렇다고 해도 그것을 폐지한 것은 우리들이 아니다. 또한 아무도 관심을 두지 않게 되어 자연히 소멸된 것도 아니다. 그것은 다만 그리스도의 십자가에 의한 완성과 함께 그리스도에 의해서 주권적으로 폐지된 것일 뿐이다.

5. 율법의 3가지 용법

여기서 '용법'(用途, Uses)이라는 말은 '사용'이라고 번역되는 경우도 있는데, 둘 다 의미가 통하는 것이라고 생각한다. 용법이라는 말은 '기능', '직무', '관용'이라는 의미가 있다. 율법의 용법을 논했던 사람으로는 먼저 멜랑히톤을 들 수 있다. 칼빈은 그를 계승했다. 멜랑히톤은 율법의 용법 전체에 관심을 기울였는데, 그가 특히 중시한 것은 (갈라디아서에 근거하여) 죄를 깨닫게 해주고, 자기 자신에 대해서 절망케 하며, 그리스도께 나아가는 몽학선생 또는 교육자로서의 기능이었다. 이것이 루터파 신학에서는 중심적 위치를 차지했다. 이것을, 갈라디아서의 말에 따라서, 교육적 용도 혹은 교육적 기능이라고 부르는데, 칼빈도 이 점을 인정하고 있다. 이를 율법의 제1용법이라고 한다. 멜랑히톤 및 루터에게 있어서 율법은 복음에 이르는 과정에 있어서 너무 멀리 떨어진 것으로서 파악되는 경향이 강하다. 이 점에 대해 칼빈과 개혁파에서도 그 중요성은 부정하지 않지만, 그렇다고 집중적으로 이점에 관심을 기울이지도 않는다. 비록 칼빈이 멜랑히톤을 계승했다고 말하긴 하지만, 칼빈에게 있어서는 율법과 그리스도와의 관계가 보다 더 중요했다. 즉 그리스도가 율법의 목적이었다.

제2용법은 종종 정치적 용법이라 불린다. 이는 완전히 외적으로 규제하는 기능을 하는 것으로, 신학적 논의에서 벗어나 있지만, 인류사회를 유지하기 위해 필요한 것이다. 관점을 바꿔 말하면, (물론 칼빈이 그렇게 말하지는 않았겠지만) 시민사회의 법은 하나님의 율법의 정치적 용법만을 추출한 것이라 하겠다.

칼빈은 율법의 용법 중 제3용법에 가장 중점을 두었다. 혹자는 "그리스도를 믿어 거듭난 인간에게 이미 율법은 필요 없지 않은가?"고 반문할 것이다. 하지만 그렇지 않다. 오히려 거듭난 인간에게야말로 율법의 본래 의의가 발휘된다. 루터가 그 독특한 논법으로 행함이 없는 믿음이나 율법을 복음과 대비(對置)시키고, 또 그렇게 함으로 문제점이 드러나 보이도록 한 것은 평가받을 만한 일이다. 하지만 이러한 이율배반적 이론만으로는 한쪽이 소멸되고 만다. 비록 이것이 율법을 완전히 부정하고 있는 것은 아니라 하더라도, 결과적으로는 율법을 경시하게 만든다. 교회사를 살펴보면, 율법부정론이 자주 등장하여 교회는 쉴 새 없이 그들과 싸워야 했다. 이런 점에서 제3용법을 중요시하는 칼빈의 논법은 이런 결함을 시정한다.

『기독교강요』 8장은 율법에 대한 해석으로 이루어지는데, 이는 카테키즘으로서의 『기독교강요』의 성격을 잘 드러낸다고 할 수 있다. 특히 율법의 제3용법 이론에서 칼빈은 기독교인이 무엇을 해야 하는지를 잘 제시한다.

6. 칼케돈 기독론

삼위일체론과 신론에 있어서 칼빈이 고대교회의 신학적 유산을 충실히 계승한 것은 앞에서 살펴보았는데, 기독론에 있어서도 칼빈은 고대교회의 신학을 바르게 계승하고 있음을 알 수 있다. 기독론에 대한 칼빈의 이해의 깊이는 당시의 가톨릭 신학자를 능가하고 있다. 그런데 칼빈은 니케아 기독론, 즉 성자가 성부와 본질적으로 같다고 한 것에 관해서는 특별히 중점을 두어 강조하지 않았다. 오히려 그리스도의 신성에 대해서는 삼위일체론에서 논하고 있다. 그것은 자명한 전제(前提)라고 말해도 무방하다. 즉 하나님 자신이 구속주이기 때문에, 구속주의 신성에 대해서 특별히 논하지 않았던 것이다.

반면에 칼빈은 칼케돈 기독론에 대해서는 상세하게 논했

다. 그가 칼케돈 기독론을 거론할 때, 거기에는 니케아 기독론이 포함되어 있음을 볼 수 있다. 칼케돈 기독론은 니케아 기독론에 비해 무엇보다도 논지를 세우는 목적이 상당히 다르다. 칼케돈 기독론을 칼빈이 중시했다고는 하지만, 그렇다고 해서 매번 '칼케돈'이라는 이름을 들먹이고 있지는 않다. 칼케돈 기독론이라는 이름으로 정리된 논의 가운데도 오해를 초래할 여러 요소가 있다는 것을 칼빈은 잘 알고 있었다. 그러나 그 내용만큼은 분명 중요했다. 아마도 모든 진영을 포함해서 칼케돈 기독론을 가장 잘 이해했던 사람은 칼빈이었을 것이다. 다만 이 사실을 아는 자가 그리 많지 않을 뿐이다.

오늘날 교회에서 칼케돈 기독론은 니케아 기독론보다 관심이 적은 것으로 취급되고 있다. 그 한 가지 이유는 칼케돈 신조 그 자체의 난해성에 기인한다. 칼케돈 신조는 철학적 사고를 깊이 있게 정리한 명제이다. 따라서 어느 정도 수준에 이른 전문가가 아니면, 그것의 의미와 의도를 이해하기가 매우 어렵다. 더군다나 거기에 사용되는 용어 또한 난해한데다 무미건조하기까지 하다.

이처럼 현대인에게 있어 칼케돈 신조의 용어나 그 신조에 나타난 사고방법이 어려운 것은 틀림없다. 그렇다면 현대인이 이해할 수 있는 표현으로 바꾸면 되지 않는가? 물론 내용은 누락시키지 않은 채 표현만 변경시킬 수 있다고 생각한다. 하지만 칼빈의 『기독교강요』에서는 표현이 바뀐 곳이 거의 발견되지 않는다. 그러면 본래의 어려운 표현으로라도 이것을 이해할 수 있도록 노력해야 하지 않겠는가? 과거 이 신조가 말하려고 했던 것은 오늘날에도 절박한 필요를 느끼고 말해야 하기 때문이다. 아마도 이것이 칼빈으로 하여금, 칼케돈 신조의 내용이 어려우므로 새로운 표현을 생각해야 했음에도 불구하고, 그것을 생각해 낼 수 없게 만든 이유가 아니었을까?

이 신조가 말하려고 했던 것은 육신을 입은 그리스도에 대한 정확하고도 확고한 파악이었다. 그리스도의 정체성은 완전한 의미에서의 신성과 완전한 의미에서의 인성을 모두 포함한다. 더구나 이 두 본성이 다른 한 쪽으로 변화하는 것도, 혼합된 것도, 분리·분할된 것도 아니며, 그 위격(位格) 속에서 인식되는 것이다. 만일 이런 방식으로 그리스도의 정체성이 파악되지 않는다면, 그 분이 이루신 속죄사역 또한 바르게 파악될 수 없을 것이다. 그리스도는 하나님처럼 보인 것이 아니라 참 하나님이요, 동시에 인간의 모습만 취하고 있는 것이 아니라 틀림없는 인간이었다. 그렇게 보인 것이 아니라 실제로 그러했던 것이다. 그렇지 않다면 구원은 그와 같이 보이는 것만의 구원으로 끝났을 것이다. 오늘날 "구원이 아니라, 구원 같은 것이 번성한다"는 말이 있는데, 이것은 그리스도가 전해지는 것이 아니라, 그리스도와 유사한 어떤 것이 거론되고 있기 때문일 것이다.

칼케돈 기독론에서 중요한 것은 하나님으로서의 본성과 인간으로서의 본성이 중보자의 위격에 있어서 구별하기 어렵게 연결되어 있으면서, 동시에 이 두 본성이 서로 혼합되어 유동하는 것이 아니라 확실히 구별되어 있다는 점이다. 현대에는 칼케돈 신조의 내용 그 자체에 대해 무관심할 뿐만 아니라, 심지어 그 내용으로부터 이탈하기까지 한다. 오늘날의 기독교에 있어서는 그리스도의 신성과 인성의 구별과 결합이 애매하게 되어, 어떤 경우에는 도케티즘(Docetism)*의 경향을 띠기까지 한다. 이런 경우 설교자는 '그리스도, 그리스도', '예수님, 예수님'이라 하면서도 정작 그리스도가 어디 계시는지

---

* 일명, 가현설(假現說)이라고도 하는데, 이는 예수님이 이 땅에 있을 때, 그 분이 유령 같은 존재였을 뿐 실제로 육체를 갖고 있지 않았다고 주장하는 초기 기독교의 한 이단 종파의 이론이다. - 역주

가르칠 수 없게 된다. 그런데 많은 사람들이 이러한 경향의 위험성을 알고 있는데도, 정작 그 위험에 대한 토론은 일어나지 않고 있다.

7. 그리스도의 직무, 일, 그 일회성

히브리서는 분명 그리스도의 희생이 단 한번뿐이었다고 강조하는데도, 가톨릭교회는 이것을 무시했다. 가톨릭교회가 매일 수행하는 미사는 그리스도의 희생이 교회에 의해 계속된다는 의미를 내포하고 있다. 때문에 종교개혁은 이러한 미사를 폐지했다. 이렇게 해서 그리스도의 구속사역의 일회성을 회복하였다.

그런데 이러한 일회성은 자주 위험에 노출된다. 그리스도의 희생이 반복된다고 느끼게 하는 의식을 통해 신앙의 각성을 줄 수 있다는 점 때문이다. 예를 들어 우리가 바하의 '마태수난곡'과 같이 혼이 담긴 명연주를 들을 때면, 마치 그리스도가 지금 우리를 위해 고통 받으시는 것처럼 느끼게 되는 것과 같다. 물론 이것은 예술이 가져온 효과일 뿐이다. 애써 이것을 현재 없는 것을 현재화한 속임수라고 비판할 필요는 없을 것이다. 하지만 그럼에도 한계는 구별할 수 있어야 한다. 즉 '세상 끝날까지 고난 받으시는 그리스도'라는 표현이 우리의 생활 속에서 일상화되어, 마치 그리스도가 이루신 단 한 번의 죽음으로는 만족할 수 없는 것 같은 착각에 빠지게 해서는 안 된다. 그것은 도리어 구원의 확신을 희박하게 만들 뿐이다.

일회성을 강조하는 것을 주저하는 것은, 다음 강의에서 살펴보려고 하는 성령의 사역에 의한 그리스도와의 결합이 확실히 되어 있지 않기 때문이다. 그리스도와의 교제가 실감나게 파악되지 않기에 실감을 얻으려고 감성에 호소하는 예술의 역할을 중시하는 것이다. 물론 그로 인해 그리스도의 고난을 현재처럼 느끼는 것은 그 나름대로 효과적이라고 생각한다. 그러나 그렇게 하게 되면, 그리스도가 이루신 일의 완결성이 무시될 수 있다. 이처럼 감성을 자극해서 그리스도가 오늘도 죽으시는 것처럼 느끼게 되면, 오히려 그 속에서 구원의 확신을 잃어가게 된다.

그리스도의 대속적 죽음의 일회성은 역사의 일회성에 기초하여 이해될 수 있다. 역사는 일회적이므로 역사의 중점 또한 일회적일 수밖에 없다. 그리스도의 죽음은 반복되거나 그 관용이 확대될 수는 없다. 우리의 인생 또한 단 한번뿐이다. 기독교 역사관은 처음이 마지막으로 연결되는 하나의 선(線)과 같은 직선적인 것인데, 오늘날은 이러한 기독교적 역사관을 따르는 자신감의 상실이 깊어지고, 오히려 불교적인 윤회사관이 강하게 나타나고 있다. 심지어 기독교인 가운데서도 윤회적 사고를 어느 정도 허용하는 부류가 있는 것으로 보인다. 이렇게 되면 결국 기독론은 허물어져 갈 것이다.

8. 그리스도의 삼중직, 선지자직

그리스도의 선지자직을 거론하는 것은 칼빈의 특징으로 보인다. 이에 반해 루터는 그리스도의 왕직과 제사장직만 거론했다. 왕-제사장으로서의 그리스도는 성경에서도 말하고 있기 때문에 거론할 만한 충분한 의미가 있다. 왕-제사장의 결합은 히브리서 7장에서, 오실 그리스도의 예표(豫型)인 멜기세덱으로 나타난다. 이는 기독교에서 완전히 정착되어 있는 그리스도에 대한 이해이다.

그런데 그리스도의 삼중직을 말하면서, 왕-제사장직에 더하여 선지자직을 포함한 전례가 고대교회에 있었다. 유세비우스는 교회사의 첫머리에서 그리스도라는 말과 그 직무를 설명하는 문장에서 이 점을 언급했다. 물론 유세비우스가 이 것을 처음으로 제창한 것은 아니다. 그는 다만 앞 시대의 견해를 정리했을 뿐이다. 종교개혁 시대에 그리스도의 삼중직이 논해지기 시작한 것은 마르틴 부써(Martin Bucer)에 의해서이다. 이 점에 있어서 칼빈이 부써의 감화를 받았다고 보아도 좋지만, 그보다는 그 자신이 직접 교부로부터 배운 것이라고 보는 것이 좋다.

칼빈이 그리스도의 선지자직을 중시한 것은, 먼저 그리스도에게서 예언이 성취, 완성, 종결될 것이라는 이해 때문이고, 또 하나는 그리스도와 우리들의 관계가 무엇보다 먼저 말씀이 선포되고 그것을 듣는데 있다고 생각했기 때문이다. "너희는 저의 말을 들으라"고 변화산에서 하나님이 베드로에게 말씀하셨는데, 이는 그리스도의 말씀을 들어야 좋다는 것이었다. 제자들은 그리스도로부터 충분한 말씀을 들을 수 있었다.

그리스도에 대한 성취를 말할 때, 이는 먼저 여러 가지 예언이 예수님의 선지자로 오신 것에 의해 성취된 점을 들 수 있다. 예수님은 스스로 자신을 선지자 중 한 사람으로 인정하셨다. 그 분은 "선지자는 고향에서도 배척을 받는다", 혹은 "선지자는 예루살렘 밖에서 죽을 수 없다"고 말씀하시면서 자신이 선지자임을 드러내셨다. 이처럼 예수님은 일반적 선지자와 자신을 같은 계열에 두셨다. 그럼으로써 자신을 그들과 연결시키고 그들과 같이 죽으므로 의무를 다하고 예언을 성취했음을 보이셨다.

둘째로는 예수님이 모든 예언을 성취하셨다는 것이다. 이런 이유에 근거해 기본적으로는 예언이 끝난 것으로 이해할 수 있다. 물론 칼빈은 어떤 의미에서 예언자가 또 나타날 기회가 있다는 것을 부인하지 않는다. 그러나 그 역시 기본적으로 예언은 끝났다고 본다. 이것은 당시 나타난 자칭 예언자들의 위험을 의식한 종교개혁 주류파에게 있어서 거의 공통되는 인식이었지만, 그렇다고 이것이 당 시대의 현실에 기초한 인식만은 아니었다. 오히려 그것은 그리스도에 대한 올바른 이해에 근거한 것이었다.

오늘날 자신을 선지자라고 밝히며 나타나는 자들에게 귀를 기울일 필요는 없다. 예언은 끝났고 말씀은 모두 기록되어 남겨졌다. 따라서 우리는 모든 것을 성경에서 구하면 된다. 이것이 칼빈교리의 특징이라고 할 수 있다. 물론 예언이 계속된다고 생각하는 사람이 개혁자 중에 전혀 없었던 것은 아니다.

9. 왕권

그리스도의 직무 가운데서 왕직(王職)이 첫째로 거론되는 것은 당연하다. '왕직'이라고 번역된 단어는 '레구눔'(regunum)인데, 이는 왕, 왕권, 다스림, 왕국, 나라 등으로 번역된다. 그리스도는 다스리시는 분이다. 그 분이 이 땅에 오심으로 "하나님의 나라가 임했다"고 하셨다. 그러므로 복음이라는 것은 결국 그리스도의 통치를 알리는 것이다. '그리스도의 왕국', 곧 레그눔 크리스티(regnum Christi)라는 테마는 칼빈의 신학 전체 속에서 분명히 드러난다. 그것은 특히 『기독교강요』 제2편에만 나타난 것이 아니다. 제3편과 제4편에서도 그것은 중요한 테마로 되어 있다.

그리스도의 왕직과 왕국은 무엇보다 먼저 교회 안에서 확인된다. 물론 이 세상도 그리스도의 지배 아래 있게 된다. 하지만 세상 사람들은 그리스도의 다스림을 받는 것에 대해 알려고 하지 않는다. 그러나 교회는 그리스도의 다스림을 알고 있고, 나아가 자발적으로 그 지배에 복종하려 한다. 이 세상이 그리스도의 왕권을 전면적으로 인정하게 되는 것은 마지막 날에서이다. 때문에 (후에 말하겠지만) 왕권론(王權論)은 기본적으로 종말론을 시야에 두어야 한다.

칼빈이 그리스도의 삼중직을 통해 공통적으로 제기하는 것은, 그리스도에게 있는 직무가 곧 우리의 직무가 된다는 것이다. 특히 그 중에서도 '왕직'이 중요한데, 이것이 우리들의 직무가 될 때, 우리는 자유롭게 될 것이다. 기독교인의 자유의 뿌리는 그리스도의 왕직에 있다. 본래 그리스도의 왕직에 응한다는 것은 우리들도 왕이 된다는 것만이 아니라, 오히려 그 이상으로 그의 지배에 복종해야 함을 강조하는 것이다. 왕직은 특히 종말적인 전망에서 파악되는데, 이는 마지막 날에 왕의 지배가 완수될 것이기 때문이다. 고린도전서 15장 24절이 말하듯이, 마지막 날에 그리스도는 왕국을 아버지 하나님께 되돌려 드릴 것이다. 이 구절에 대해서 칼빈은 그리스도 왕국의 영속성을 주장함과 동시에, 왕국의 통치방식은 오늘날 이뤄질 수 있는 것이 아니라고 해석하기도 한다(기강 2.15.5).

10. 제사장직, 죽음과 부활, 승천, 재림

죽음과 부활에 있어서 제사장으로서의 그리스도의 직무가 중요하다는 것은 말할 필요도 없다. 제사장은 희생을 바치는 직무와 중재의 의무를 지니는데, 그리스도가 바치는 온전한 희생물은 자신의 몸이며, 제단에 부어야 하는 깨끗한 피는 자신의 피였다. 다만 죽기까지 그리스도는 전 생애에 걸쳐 복종해야만 했다. 제사장으로서의 그리스도에게는 죽음뿐만 아니라 복종을 수반한 전 생애가 중요했던 것이다. 이 점에 있어 칼빈은 '온전한 그리스도'에 대해 강조했다. 우리들에게 보이신 것은 온전한 그리스도이지 손상된 그리스도가 아니다. 온전한 그리스도의 이해를 위해서는 육체를 가진 우리의 눈에 보이는 대로 그리스도를 보는 것이 중요하다는 것은 말할 필요도 없다.

그리스도의 죽음은 사흘 후의 부활로 이어지는데, 칼빈이 이 부활을 특히 중요하게 여긴 것에 유의해야 한다. 이 점이 그리스도에 대한 칼빈의 이해의 특징이다. 부활의 의의에 대해서는 뒤로 갈수록 보다 많은 말씀을 통해 강조된다. 그리스도의 고난과 죽음을 죄를 위한 대속으로 보고, 거기에 강조점을 두는 것은 서방 기독교의 특색이다. 동방 기독교에서는 고난이나 속죄, 그리스도의 죽음이 우리를 대신한 죽음이라는 것을 부인하진 않지만, 그렇다고 특별히 강조하지도 않는다. 우리는 미술작품으로서의 그리스도상에 대해 특별한 인상을 받지는 않지만, 그래도 서방 기독교의 미술작품 가운데 최고의 작품이 이젠하임의 십자가상과 미켈란젤로의 피에타라는 것은 잘 알고 있다. 그런데 이에 반해 동방교회의 이이콘(Icon)에는 십자가상이 없다. 이는 그들이 십자가에서 그리스도가 고통스러워하는 모습을 바로 쳐다보는 것을 회피했기 때문이다. 대신에 동방교회는 부활을 직시하는데 중점을 둔다.

종교개혁은 서방 신학전통의 건전한 면을 이어받아 일어났기 때문에, 칼빈에게 있어서도 그리스도의 고난과 죽음의 의미가 가벼울 수 없었다. 칼빈은 그리스도의 죽음이 오히려 승리라는 점에 귀착한다. 분명히 승리가 죽음에 의해 일어나는 것이 아니라면, 죄인의 구속은 있을 수 없을 것이다. 이 점에서 칼빈의 이해는 요한복음이 말하는 것과 같다. 요한에 의해서 그려지는 그리스도의 수난의 역사는 결국 그리스도의 영광으로 묘사된다. 나아가 칼빈은 죽음을 통한 승리가 부활에 의해서 확정되었다고 보았다. 그리스도의 음부하강(陰府下降)에 있어서, 비록 하이델베르크 신앙문답 제44문에서 볼 수 있듯이 개혁파신학이 이를 계승하고 있긴 하지만, 칼빈은 이 신화(神話)를 부정한다. 그리스도의 승천은 지상에서 그의 직무가 끝났다는 것을 확인시키기 위한 중요한 사건이었다. 그리스도를 언제까지나 지상에 머물게 하는 것은 옳지 못했다.

『기독교강요』에서 재림에 대한 내용은 아주 적다. 재림의 중요함에 대해서도 거의 기록하지 않는다. 당시 기독교회에서 재림을 강조하는 풍조가 있긴 했지만, 칼빈은 그것을 따르지 않았다. 즉, 칼빈은 현세의 고난에 헐떡이는 사람들이 그 고난을 이해하고 재림의 약속을 파악하는 것에 역점을 두는 방식을 받아들이지 않았던 것이다. 이것이 고난당한 사람들을 이해하지 못한 것이라고 말할 수는 없다. 도리어 고난에 대한 그들의 인식방법이 바르지 않다는 것을 보여준다.

재림을 기다리는 것은 예수님을 모르는 사람의 기다림이 아니라, 이미 사도들의 증언에 의해 이루어진, 우리가 믿는 그리스도에 대한 기다림이기에 기다림 그 자체가 위로가 되는 것이다. 물론 그리스도가 이미 완수하신 일을 자세히 알지 못한 채 미지의 것에 기대를 거는 삶의 방식이 어떤 부류의 사람들의 마음을 끄는 것은 사실이다. 하지만 이것은 단지 인간의 본능적인 현상일 뿐이다. 무신론자라 할지라도 희망을 이야기할 수 있다. 그것은 판도라 상자 속에 희망이 남아 있다는 일화와 별로 다를 바가 없다. 재림의 요소에 대해 조목조목 쓴 가르침은 칼빈이 파악한 기독교와는 별개의 것이다.

그러면 재림 후의 그리스도는 어떻게 되는가? 재림 후 그리스도는 왕국을 아버지 하나님께 돌려드린다. 그 왕국은 결코 끝나는 게 아니라고 성경은 증언한다. 따라서 왕국에 끝이 있다는 천년왕국설은 파기되어야 한다.

제5장 『기독교강요』 제3편 : 그리스도와의 교제

1. 성령에 의한 그리스도와의 교제 2. 신앙에 대하여 3. 회개 4. 그리스도인의 생활 5. 이신득의(以信得義) 6. 그리스도인의 자유 7. 기도 8. 영원한 예정 9. 마지막 부활

1. 성령에 의한 그리스도와의 교제

그리스도와의 교제 또한 칼빈 신학의 중심이다. 이러한 해석은 칼빈학자인 콜프하우스(Kolfhaus)와 니이젤(Wilhelm Niesel)로부터 이어받은 것으로, 이것이 내 연구의 피와 살이 되었다고 볼 수 있다. 그리스도가 단지 그냥 계시고 우리가 그를 쳐다보는 것만으로는 구원의 현실성이 있을 수 없다. "볼지어다. 세상 끝날까지 내가 너희와 항상 함께 하리라"고 하신 약속을 당연히 믿어야 하지만, 여기서 '항상 함께 계신다'는 것에 대한 확신은 무엇인가? 그가 전능하신 하나님으로서 우리에게 은총을 내리신다는 설명만으로는 확신이 서지 않는다. 그리스도와 우리의 교제에 있어서 그리스도의 것이 바로 우리의 것이 되지 않는다면, 그리스도에 관한 모든 메시지는 단순한 이야기나 두루마리 그림책, 또는 신화와 다름없는 것이 될 뿐이다.

하나님이 그리스도 안에 있는 복음을 우리에게 보여주셨다면, 그리스도는 직접 자기자신을 우리에게 주셨다. 그래서 우리는 그리스도 그 분 자체를 받아들여야 한다. 그러나 시공을 초월하시는 그리스도가 우리의 것이 되시려는 이유는 무엇일까? 이 점을 확실히 하지 않을 경우, 그것은 그리스도에 대한 동경이나 또는 종교연극을 보고 감동하는 카타르시스로 끝날 수밖에 없다.

이에 대한 하나의 해결책으로서 신비주의자는 단순히 그리스도와의 합일을 말하지만, 그것은 그리스도의 가르침에서 벗어난 그들만의 독특한 논법일 뿐이다. 물론 칼빈 역시 그리스도는 신비적인 결합에 의해 우리들의 소유가 되신다고 역설했다. 하지만 그것은 단지 신비적인 결합일 뿐이지 결코 신비주의적인 결합은 아니다. 칼빈은 신비주의를 공부하지는 않았지만, 신비주의자 중 버나드(Bernard of Clairvaux)의 신비주의 신학에 대해 많이 배운 것으로 보인다. 때문에 칼빈은 그의 『기독교강요』에서 버나드의 아가서 설교에 공감하고 여러 번 인용했다. 이는 그리스도와의 교제를 배운 것이라고 할 수 있다.

비록 신학으로서는 거의 주목받지 못했지만, 신앙의 동시성이라는 논리를 주장하는 사람도 있다. 동시성의 결핍이라는 치명상은 키에르케고르가 19세기 루터파교회에 대한 비판에서 발견한 것이다. 신앙에 의해 그리스도와 동시적으로 되기 때문에, 만일 그리스도가 실재를 가지고 동시성을 잃게 된다면, 기독교의 생명도 잃게 된다는 것이다. 이 점에 대해 비록 그가 말하는 의도가 틀리지 않았다 하더라도, 그러한 동시성의 기초는 확실하지 않다. 만일 지나치게 생각한 것이라는 비판을 받게 된다면, 그는 답할 수 있었을까? 여기서 동시성이라는 것은 단지 성령에 의해 그리스도가 과거만이 아니라 현재에도 계시다는 것이다. 그리스도는 성령에 의해 우리의 것이 되시며, 또한 성령에 의해 그리스도의 복음 역시 우리의 것이 된다. 이 그리스도가 참 하나님이시고 참 인간이라는 것은 말할 것도 없다. 그리스도를 통해서만 하나님의 영속성과 모든 복음이 인간의 소유가 될 수 있고, 또 성령에 의해서만 그리스도의 것이 우리 것이 된다. 이것이 구원의 핵심이다.

『기독교강요』 제3편은 종종 성령론이라고 일컬어진다. 그러나 이 3편에는 성령에 대하여 논하는 장이 없다. 그렇다면 대체 성령론은 『기독교강요』 어디에 있을까? 성령 하나님의 존재에 대해서는 제1편 13장 31론에서 거론되고 있지만, 그것도 그다지 길지는 않다. 여하튼 성령에 대해서 도처에서 이야기되고 있긴 한데, 정작 성령 그 자체에 대해서 자세히 논한 부분은 없다. 이런 이유로 칼빈의 성령론이 미약하다고 우려하는 사람이 있을 것이다. 분명히 성령에 대한 것을 한 곳에 정리하는 것은 의미가 있다. 그런 장을 만들어야 한다고 생각한다. 따라서 칼빈은, 비록 삼위일체론에서 성령이 참 하나님이심을 명확히 밝히고 있긴 하지만, 성령 그 자체에 대해 좀 더 강조하는 편이 낫지 않았을까? 그렇지 않으면, 그에 대해 성령을 단순히 '하나님의 힘'으로 밖에 인정하지 않는다고 오해하는 부류가 있을 수도 있다. 더군다나 칼빈은 때때로 성령을 단순히 하나님의 힘이라고 말하는 것에 그치기도 하기 때문에, 실제로 성령이 하나님 그 자체라는 점을 좀 더 강조했어야 했다. 그러나 칼빈의 입장에서는 말씀으로 계시하신 것에 따라 신학을 서술해 가야 하기 때문에, 성경에 쓰여 있지 않은 말을 만들어 내어 그것으로 성령론을 풍부하게 구축할 수는 없었다. 성경 속에서 성령 그 자체에 대하여 집약적으로 가르치는 부분이 적기 때문에, 성령의 교리 또한 그 분량에 있어 적게 나타난 것이다. 하지만 비록 성령에 대해서 성경이 말하는 것이 단편적이라 할지라도, 성령의 광범위한 사역에 대해서 성경은 충분히 말하고 있는 것 또한 사실이다. 이 점에 대해서는 우리들 또한 경험하고 있는 바다.

성령의 자유로운 역사가 여전히 존재함은 확실하다. 하지만 그러한 성령의 사역 가운데서도 계시의 사역만큼은 기본적으로 완료되었다고 보아야 한다. 구약에서도 성령의 계시하심을 말하고 있지만, 그것 역시 기본적으로 끝난 것이다. 그리스도가 예언의 종결이 되셨기 때문이다. 그 이후로는, 요한복음 14장 26절이 말하듯이, 성령은 '생각나게 하시는' 일을 하신다. 따라서 그리스도의 사역과 말씀이 현실화되는 곳, 거기에 성령의 사역이 있는 것이다. 하나님의 은총은 모두 성육신하신 그리스도를 통해 나타난다. 그 그리스도의 은총을 현실화하는 것이 성령의 사역이다. 칼빈에 의한 성령론은 이런 형태로 전개되어 간다.

성령의 자유로운 사역에 대해 인간이 규정할 수는 없다. 칼빈 또한 성령의 직접적인 사역에 대해서는 그다지 말하지 않는다. 사람들에 의해 자주 거론되는 성령의 성화 사역에 대해서 칼빈은 그것을 성령의 직접적인 사역으로 이해하지 않는다. 오히려 그는 고린도전서 1장 30절을 통해 그리스도가 우리의 성화라고, 곧 우리는 성령에 의해 그리스도를 통해서 성화되는 것이라고 말함으로써, 성화를 그리스도로부터 설명한다. 칼빈은 이처럼 모든 은총에 대해서 그리스도로부터 해명하기 때문에 성령에 의해 느꼈던 지극한 복의 상태라는 것은 거론할 가치가 없었다. 즉 칼빈에게 있어서는 성령론에 대해서 많은 말을 늘어놓는 것이 불가능했다기보다는 불필요한 것이었다. 왜냐하면 성령론은 기독론에 항상 밀접하게 관련되어 있기 때문이었다.

2. 신앙에 대하여

성령 안에서 그리스도가 우리의 소유가 되는 것이 신앙의 중심이지만, 대체 그것은 어떻게 현실화되는 것인가? 그리스도가 우리의 소유가 되는 것은 우리들이 믿음으로 그리스도를 영접하기 때문이다. 그런데 그 믿음은 인간의 가능성에 의해 이루어지는 것이 아니라, 결국 성령의 역사이다. 칼빈은 신앙을 견고한 인식이라고 정의한다. 그렇다고 해서 칼빈이 신앙과 인식을 혼동한 채, 신앙을 지성의 영역으로 끌어내린 게 아니냐고 우려할 필요는 없다. 우선 알아야 할 것은, 당시 인식(認識)이라는 것은 오늘날 우리가 이해하는 것과 차이가 있다는 점을 염두에 두고 접근해야 한다는 것이다. 그 차이는 다음과 같다.

1) 오늘 우리는 일반적으로 인식을 우리들의 인식작용이라

고 생각한다. 그러나 옛날 사람에게 있어 인식은 대상의 모사(模寫)로서 성립하는 것이요, 인식 대상에 대한 우리의 작용으로 성립되는 것이었다. 결국 오늘 우리가 말하는 인식의 주체·객체는 칼빈 시대에서는 반대의 표현이었다. 이런 이해에 입각해서 칼빈은 신앙을 인식이라고 설명했던 것이다. 만일 인식이 우리 편의 기능이라는 전제가 있었다면, 칼빈은 이런 표현을 하지 않았을 것이다. 오히려 신인식의 주체가 하나님이라는 것을 분명히 밝히는 표현을 했을 것이다. 바꿔 말하면, 하나님의 자기계시의 사역이 우리에게 새겨지는 것이 신인식이고, 말씀에 의해 하나님의 약속을 듣고 받아들이는 것이 약속의 인식인 것이다.

2) 성경의 표현에서 보는 바처럼, 고대에서 일반적으로 '안다'는 것은 인격과 인격 사이의 모든 존재에 관한 관계를 표현한다. 이런 의미에서 때때로 신앙은 인식이라고 일컬어지기도 한다. 인식으로서의 신앙이란 하나님과의 인격관계라는 것은 말할 필요도 없다. 견고한 인식이라고 할 때의 '견고함'은 애매한 것이 아니라 확실하고 흔들리지 않는다는 뜻이다. 따라서 확고한 인식 없이 믿는 로마교의 소위 '함축적 신앙'

을 칼빈은 반대한다. 그것은 오직 믿음의 예비적인 단계로서의 의만을 인정받는 것일 뿐이다.

견고한 인식은 전달되는 인식내용의 견고함과, 전달수단의 견고함에 달려 있다. 그것은 하나님으로부터 온 확고한 가르침이요 약속이다. 그런 점에서 견고한 인식을 약속의 확신이라고 바꿔 말할 수도 있다. 하나님의 말씀은 교회의 교리로서 단회적인 교육이 아니라 반복적인 교육과 수련을 통해 견고해진다. 또 한편으로 견고한 인식은 인식을 전달받는 쪽, 곧 믿는 쪽의 견고함과도 관계가 있다(그렇다고 이것을 인간적 가능성과 연결시키는 것은 아니다). 즉 진실이 드러났다고 해서 그 진실이 무조건 견고한 인식이 되는 것도 아니며, 충분히 전달했음에도 불구하고 견고한 인식이 되지 못하는 경우도 있는 것이다. 이는 택하심의 내적 의미에까지 거슬러 올라가야 할 문제이지만, 예정론에 대해서는 따로 거론하기로 하고 여기서는 인식으로서의 신앙이 성령에 의해서 이루어진다는 것만 논하는 것으로 만족하겠다. 대상(對象)이 있으면 그 반대편에 영상(影像)이 생기는 것처럼, '단순한 신인식'이 형성될 수도 있지만, 그런 인식은 지속될 수 없고, 시련이 왔을 때 금방 무너지게 된다. 결국 오직 성령의 역사를 통해서만 신앙은 견고해질 수 있다. 이는 견고한 신앙과 그렇지 않은 신앙의 구별이 있다기보다는, 성령의 역사 안에 있는 신앙만이 견고해짐을 말하는 것이다.

믿음이 세워지기까지 인간의 노력이나 탐구가 필요한가? 실제로 필요하지만, 그 준비 또한 성령의 역사의 결과이다. 인간 본래의 자발성, 주체성, 주도권은 없다. 일단 성령에 의해 믿음이 생겼을 때, 신앙인은 완전히 주체적이 된다. 인간이 자기 이해에 근거하여 하나님에 관해 그 어떤 것을 생각했다 해도, 혹은 자기이해에 근거하여 성경에 있는 말씀을 주워 모아 정리한 것이 아무리 견고하게 보인다고 해도 그러한 관념이 신인식이 될 수는 없다.

인식으로서의 신앙은 신뢰나 확신과 밀접한 관계를 가진다. 여기서 신뢰라는 것은 '맡기다' 혹은 '예치한다'는 의미인데, 곧 맡겨야 한다는 인식이 있기 때문에 맡기는 것이다. 인식이 없이는 아무리 무(無)를 향해 몸을 던지는 결단이 있다 해도 거기에는 신뢰와 평안이 있을 수 없다. 인식의 확고함에는 이에 따르는 확신이 있기 마련이다. 약속을 받아들일 경우에는 하나님이 예비하신 확신이 뒤 따른다. 구원을 믿는 믿음은 곧 구원의 확신이다. 로마 가톨릭은 이러한 신앙이해에 대해서 비판한다. 즉 이러한 과도한 확신은 오만이지 않느냐 또는 구원받는다고 믿는 것은 추측의 영역에 두어야 하지 않느냐는 것이다. 이러한 비판과의 논쟁이 칼빈의 중요한 관심사였다.

믿음으로 의롭게 된다고 말할 때, 로마 가톨릭은 믿음에 그 정도로 큰 의미를 부여하는 것은 잘못이라고 반박했다. 이러한 엇갈림의 근본적인 원인은 신앙의 의미에 대해 다르게 파악하는 데서 기인한다. 가톨릭에서는 신앙을 계속 경시하는 것이 분명했다. 이에 대해서는 오늘날의 개신교 역시 진지하게 생각해 볼 필요가 있는 문제이다. 신앙의 고유한 대상은 그리스도뿐이라고 칼빈은 자주 반복했는데, 이는 막연한 신의 존재나 은총을 믿는 것으로는 인식으로서의 확신에 이르지 못함을 뜻한다. 다만 그리스도를 믿음으로 영접하는 것만이 견고한 신앙인 것이다.

칼빈은 종종 신앙을 그리스도를 마음속에 영접하는 빈 그릇이라고 설명했다. 즉 그리스도를 영접하기 위해서는 그릇에 아무 것도 없어야 하며, 그 자체로 비어있어야 한다는 것이다. 그릇은 흙으로 만들어도 상관없지만, 내용물인 그리스도를 영접할 수 있을 정도의 용량은 되어야 한다. 그리스도의 전부가 아닌 일부분밖에 영접할 수 없는 용량으로는 진정한 의미의 신앙이 될 수 없다. 신앙은 인간의 종교성을 고조시키는 것이 아니다. 어떤 면에서 신앙은 파이프와 같은 것이라고도 할 수 있다. 즉 그 관(官)을 지나 그리스도가 우리에게 이르는 것이다. 따라서 파이프도 비어 있어야 한다. 이처럼 신앙은 은혜를 입는 수단이다.

신앙이 율법의 수행과 대치(對置)되는 경우가 많아서인지, 많은 사람이 행동은 외적인 것이고, 신앙은 내적인 것이라고 이해한다. 이런 이해는 오늘날까지도 계속된다. 하지만 이것은 신앙을 빈 용기, 빈 파이프로 이해하는 것과는 대립된다. 신앙에 행위가 수반되지 않으면 진정한 신앙이 아니라고 이해하는 경우가 많은데, 신앙과 행위는 별개이다. 경우에 따라서는 행위 없는 신앙 그 자체가 있을 수도 있다. 믿음으로 의롭게 되는 것은 행함과 관계없고 단지 신앙만이 거론될 뿐이다. 다만, 신앙은 하나님의 사역이므로 거기에 행동이 수반되는 것이다. 그것이 믿음으로 거듭나는 것이다. 그래서 행위가 없이도 의롭게 되긴 하지만, 실제로 행동을 수반하는 것 없이는 의롭다고 말할 수 없는 것이다.

3. 회개

죄 사함에 이르는 회개는 예수 그리스도의 가르침의 중심이었다. 이것이 로마 가톨릭에 있어서는 성례(sacrament)로서의 개심(改心)으로 대치되었다. 죄사함에 이르는 회개는, 마음의 통회, 입으로의 고백, 그리고 행동에 의한 속죄, 이 세 가지로 이루어진다고 설명해 왔다.

이러한 회개에 대한 오해가 생긴 한 가지 원인은 회개를 신앙에 이르는 전 단계로 인식했기 때문이다. "회개하고 복음을 믿으라"는 말씀을 그렇게 이해한 것이다. 그래서 그리스도의 은혜를 믿고 그를 의지하기 위해서 먼저 자기 죄를 통회하며 가슴을 치는 고통이 필요한데, 이것을 회개라고 보는 것이다. 이러한 이해는 오늘날에도 계속된다. 루터가 95개조 반박문을 통해 가톨릭의 개심제도를 비판했을 때, 그는 회개를 이런 식으로 이해했다고 생각된다. 즉 안이한 회개나 많은 금전을 바쳐야 속죄가 되는 것이 아니라, 통회, 곧 콘트리티오(contritio)를 힘써 행해야 한다고 말했던 것이다.

하지만 칼빈이 이해하는 회개는 마음의 고통을 동반한 죄의 인식이나 개선의 열의만이 아니었다. 구약의 '돌아오다'

라는 말씀이 보여주듯이, 그것은 전인적인 변화여야 한다. 단적으로 말하면, 다시 태어나는 것이다. 곧 회개는 거듭남이다. 이것 역시 칼빈을 이해하는 하나의 열쇠가 된다. "회개하고 복음을 믿으라"는 명령이 잘못일 수는 없지만, 이것을 회개하고 나서 신앙에 입문하는 순서를 가르치는 것으로 보는 것은 바르지 못하다. 믿음으로 그리스도를 영접하고 그것에 의해 새롭게 되는 것이 회개이다. 신앙에서 회개로 나아가는 가르침이 올바른 순서이다.

또 세례요한이 말하고 있듯이, 회개에는 상응하는 열매가 있어야 한다. 이것이 회개는 '적절한 행동'을 요구하는 것으로 해석된 것은 당연하다. 가톨릭에서는 그런 행동을 회개 부분에 추가하였다. 즉 가톨릭에서는 회개에 상응하는 이 '적절한 행동'을 가치·공적(功績)·공로(功勞)라는 사상과 연결시켰다. 그리고 이것을 자기가 범한 죄를 속죄하는 회개의 일부로 간주했다. 더욱이 가톨릭은 이것을 거점으로 공로사상을 광포하고, 나아가 공적으로 자신의 죄를 속죄할 수 없는 자에게는 교회의 보고에 쌓아두고 있는 여러 성자들의 공로를 공유할 수 있다는 면죄사상을 주장했다. 이러한 면죄부, 곧 인도르젠티아(indulgentia) 이론은 루터의 반론을 불러 일으켜 종교개혁이 시발점이 되었다.

그런데 종교개혁은 면죄교리의 부정에 머물지 않고, 회개교리를 전면적으로 쇄신해야 했다. 회개에 대한 이해는 콘트리티오의 회복에 머물러서는 안 된다. 철저히 그리스도에 의해 다시 살아나는 것으로 이해되어야 한다. 이처럼 회개는 기독교인의 생활 전체와 관련이 있는 것이다.

4. 그리스도인의 생활

회개교리에 이어 회개생활의 시작으로 그리스도인의 생활에 대해 다룬다. 그리스도인의 생활은 거듭난 인간이 어떻게 살아가는가 하는 문제이다. 죄사함에는 관념화의 여지가 전혀 없고, 다만 어떻게 사느냐와 밀접한 관련을 가질 뿐이다. 이는 이미 그리스도의 일부(소유)가 되었기 때문이다. 그리스도인의 생활은 곧 성화(聖化)의 생활인데, 그렇다고 해서 성화를 그리스도인의 완전 개념으로 여겨서는 안 된다.

그리스도인에게 있어 삶의 핵심은 자기부인이다. 자기부인을 더욱 구체적으로 말하면 십자가를 지는 삶이다. 칼빈은 토마스 아 켐피스(Thomas a Kempis) 같이 '그리스도를 본받는 것', 혹은 본훼퍼처럼 '그리스도를 따르는 것'을 강조한 교사는 아니라고 여겨지는데 사실은 그 반대이다.* 그리스도를 본받는 것을 강조하는 사람들이 직접 인간 예수를 보고 배우려 한 것에 대해, 칼빈은 거듭난 인간의 삶이란 측면에서 이것을 논한다.

그리스도인의 삶은 다음에 있을 내세의 생에 대한 명상을 권고한다. 현세는 허망함으로 가득 차 있어서 내세에 희망을 두는 것이다. 그렇다고 이것이 현세의 삶을 포기함을 의미하는 것은 아니다. 오히려 이런 삶의 방식은 이 세상에서의 적극적인 생활방식을 권장한다. 즉 적극적으로 직업생활에 힘쓰고, 사업을 일으키고, 이익을 축적하고, 생산을 확대시키는 것이다. 물론 이것이 의미하는 바는 근대적 노동개념과는 다르다. 오직 사명을 완수하기 위해 이 땅에서 인내하는 것이다.

---

* 여담이지만, 토마스 아 켐피스 혹은 흐룻트(Geert Groote)가 진정한 저자라고 말하는 『이미타치오 그리스티』(*Imitatio Christi*)와 본훼퍼가 쓴 『나하 폴게』(*Nach Folge*)가 다른 계통의 사상인 것처럼 생각하는 경우가 많은데, 이미타치오가 독일어로는 나하 폴게이다.

5. 이신득의(以信得義)

이신득의가 종교개혁 교리의 핵심이라는 점은 많은 사람이 인정하는 바이다. 그러나 이것이 핵심이라고 해서 이 점을 특별히 강조하면 선한 행위를 하지 않아도 되는가 하는 의문이 제기된다. 때로는 이신득의를 철저히 이해하기 위해서 "용감하게 죄를 범해라"고 말하는 부류도 있다. 말할 필요도 없겠지만, 루터의 이 경구는 하나의 교리조항을 세우기 위한 것이 아니었다. 그러나 상황을 바로 파악하지 않으면, 이것을 마치 새로운 교리조항이라고 생각하는 사람이 생길지도 모른다.

루터도 이신득의를 역설한 후, 바로 선행론(善行論)을 저술하지 않을 수 없었다. 그것은 선한 행위를 망각하고 있다가 갑작스레 보충한 것이 아니었다. 여하튼 신앙의인(信仰義認)의 가르침과 선한 행위의 가르침이 모순되는 것은 아니라고 분명히 말할 수 있지만, 양자의 관계가 불안정한 것 또한 사실이다. 즉 이쪽을 강조하면 저쪽이 가벼워지고 저쪽을 강조하면 이쪽이 가벼워진다. 말하자면 시소게임과 같이 행위에 의해서가 아니라 믿음에 의해서라고 한 다음에는 또 반드시 선한 행위에 힘쓰라고 권면해야 한다는 것이다. 그래서 이에 관해

영원히 회전운동을 하듯이 양자에 대한 강조를 멈추지 말아야 한다는 사람도 있다. 그러나 가르치는 순서를 잘 생각하면, 이 점은 보다 확실해진다. 즉 거듭남의 일환으로 이신득의를 내세워 말하는 것이 나을 것이다.

『기독교강요』에서는 이신득의 교리가 11장에 처음 언급된 이래 18장까지 계속된다. 이 교리를 거론하기 전에 그리스도인의 생활이 어떤 것인가를 자세히 설명하고 있는데, 그것이 성화론이다. 성화는 현실 속에서 이미 시작된 것이다.

'믿음으로'라는 것은 앞서 말했듯이 신앙을 통해서라는 뜻이지 신앙을 공로로 한다는 의미는 아니다. 이 점에 대해 루터는 올바르게 파악하고 있었지만, 그것을 표명하는 방식은 애매했다. 사실 경건주의는 신앙을 공로로 생각하는 주의이다. 믿음으로 의롭게 된다는 것은 믿음으로 그리스도를 자기 안에 받아들일 때, 그리스도의 의가 나를 덮는다는 뜻이다. 의롭다고 인정되는 것과 의롭게 된다는 것과의 혼동이 오랫동안 교회에서 뿌리를 내렸다. 이 혼동을 없앤 이가 루터인데, 그는 죄인이 의롭지 않음에도 불구하고 의롭다 인정되는 상황을 정확하게 지적했다. 루터가 이렇게 파악하기 전까지, 비록 아우구스티누스가 은총을 강조하긴 했지만, 펠라기우스

파는 자력주의를 극복하면서 의인(義認)과 의화(義化) 혹은 성화(聖化)와 거듭남의 구별을 두지 않았기 때문에, 거듭난 인간의 행위가 가치 있는 것으로 보이고 그것이 공적(功績)과 동등한 것으로 여겨지기에 이르렀다.

물론 믿음을 의롭다고 인정하신 표현이 성경에도 있다. 하지만 이것은 행위가 아닌 믿음으로 인정된다는 것을 말한다. 그러면 행위는 어떻게 되는가? 칼빈은 믿음으로 수행한 행위도 의로 인정된다고 이해했다. 물론 공로와는 무관하게 말이다. 의롭지 않은 자가 의롭다고 인정받는 것 안에는 의롭지 않은 행동도 의로 인정받는다는 것이 포함되어 있는 것이다. 의롭다는 인정은 죄사함과 은혜를 받아들이는 것을 포함하지만, 신앙 안에서의 행위는 그 자체가 불완전함에도 불구하고 은혜 가운데에서 받아들여진다. 이것은 지극히 당연한 가르침 같지만, 칼빈 이전에는 이렇게 설명한 사람이 없었다. 이 교리가 개혁파 신자들로 하여금 적극적으로 선한 일을 행하게 하고, 나아가 특색 있는 교회의 기풍을 만들었던 것이다.

의인(義認)을 논하는 장 다음에는 값없이 의롭게 됨을 확신하기 위해 우리들 마음을 하나님의 법정 앞에 두어야 한다는 장이 나온다. 이것은 확인을 위한 논의에 해당한다. 의롭지 않은 자가 의롭게 된다는 것이 공허한 논의가 되지 않기 위해서는 하나님의 법정에 서서 이것을 논해야 한다. 이것은 자기인식 또는 인간의 죄인식의 문제가 아니라 의롭다고 판단하는 행위가 하나님의 것이라는 점을 확인하기 위해서이다. 이러한 의인의 교리를 통해 모든 영광을 하나님께 돌림으로써 자신을 자랑하지 않고 겸손해질 수 있는 것이다.

6. 그리스도인의 자유

자유는 의인(義認)의 첨가물이다. 따라서 의인에 대한 설명을 한 후가 아니면, 그리스도인의 자유에 대한 논의는 혼란만 초래할 우려가 있다. 그 실례를 경험한 칼빈으로서는 이와 같이 가르치는 순서를 잘 이해했다고 볼 수 있다. 자유가 널리 통용된 시대에서 칼빈이 사회적인 자유에 대해서 생각하지 않았을 리가 없다. 오히려 종교개혁을 부르짖은 영적 자유를 사회적 자유에까지 전개토록 한 것은 칼빈이었다. 그래도 영적 자유와 사회적 자유간의 영역의 차이를 분명히 하지 않으면 안 되었고, 또한 사회적 자유를 전개하기 전에 영적 자유의 이론의 기초를 다져야만 했다.

칼빈은 먼저 양심의 자유를 분명히 밝히고 있다. 그는 양심의 자유를 율법에서의 자유라고 정의한다. 여기서 말하는 율법이라는 것은 비본질적인 율법이다. 즉 인간의 전통 속에서 법제화된 것을 의미한다. 반면에 하나님의 율법은 본질적인 율법이다. 그 율법의 일부분은 그리스도의 초림에 의해 완성되었다. 그것은 율법의 의식(儀式) 규정들이다. 골로새서 2장 16-17절은 "그러므로 먹고 마시는 것과 절기나 월삭이나 안식일을 인하여 누구든지 너희를 폄론하지 못하게 하라. 이것들은 장래 일의 그림자이나 그 몸은 그리스도의 것이니라"라고 말하고 있다. 의식적인 율법에 반해 도덕적인 율법은 영속성을 지닌다. 그런데 그리스도인이 이것에서도 자유롭다는 것은 율법을 지키지 않아도 된다는 의미가 아니라, 지킬 때도 거기에 양심의 구속이 없이 자유롭게 지켜야 하며, 지킬 수 있는가 없는가 하는 양심의 죄책과 같은 두려움을 느낄 필요가 없다는 것이다. 하나님께서 이미 의롭다 인정하시고 자녀로 삼아주셨기 때문이다.

양심의 자유 문제에 있어서 중요한 한 가지는 그 자체가 선도 악도 아닌 것, 곧 아디아포라(adiaphora)에 대한 자유이다. 이 아디아포라 이론은 루터파에서 시작되었지만, 칼빈 역시 이것을 그대로 수용했다. 아디아포라는 하나님에 의해 지정된 것이 아니라 인간에 의해서 정해진 것에 불과하기 때문에, 종교개혁은 교회법에 의해 규정된 것을 대폭 아디아포라의 영역으로 옮겼다. 이 점에 대해 부언하자면, 루터의 종교개혁은 아디아포라 영역의 것을 많이 수용했지만, 쯔빙글리에 의해 시작된 개혁파 종교개혁은 이것을 적극적으로 배제했다. 오히려 교회법에 의해 정해진 것을 디아포라(diaphora)라고 말함으로써 그 관행이 계속 남아 있을 경우, 그것이 인간의 양심을 계속 구속하는 것이 될 경향이 짙다고 말했다.

아디아포라 이론을 서술해가면서 칼빈은 아디아포라도 자유가 제한되어야만 하는 경우가 있다는 이론을 전개했다. 즉 남을 실족케 하는 경우는 자유를 제한하지 않으면 안 된다는 것이었다. 이것은 고린도전서 8장에서 바울이 우상에 바친 제물(祭物)인 고기를 먹어도 되는지의 여부를 다룬 문제에서 이미 제시된 문제로서, 종교개혁의 자유론에서 한번 더 거론되었다. 기독교인의 자유는 억압에서의 자유뿐만 아니라 자신의 자유를 스스로 제한할 수 있는 고차원적인 자유이다.

칼빈은 아디아포라의 제한을 이렇게 논했는데, 1550년대

초반에 루터파 내부에서 아디아포라 논쟁이 있었을 때, 루터파 신학자인 마티아스 플라치우스(Matthias Flacius)는 실족케 하는 경우와 신앙고백의 상황에 있어서는 아디아포라가 없다는 원리를 전개했다. 칼빈은 신앙고백의 상황에 대해서는 언급하지 않았다. 이런 점에 대해서는 나도 좀 더 상세하게 연구해보고 싶다.

7. 기도

기도는 신앙의 가장 중요한 수련(修練)이다. 수련에 대해서는 처음 강의에서도 언급했지만, 칼빈은 이 수련의 유효성에 대해서 잘 알고 있었다. 예를 들어 문법이나 수학의 정리 등은 배운 것을 복습하지 않으면 자기 것이 되지 않는다. 마찬가지로 말씀을 배우고 잘 이해했더라도 수련을 반복하지 않으면 지식으로만 습득될 뿐이며, 그 지식도 머지않아 소멸되고 만다. 비록 수련이 재미없는 것이긴 하지만, 그 의의를 잘 이해한다면 실천에 옮길 수 있다. 이러한 수련의 의무를 있는 그대로 가르치는 교사가 있어야 한다. 오늘날 기독교의 퇴락은 이러한 교사의 부재로 인해 사람들이 수련 없이 신앙의 길에 들어서기를 바라는 것 때문인지도 모른다. 어떤 약속이 주어졌을 때 그것을 잘 이해했다고 해도, 배워서 이해한 것을 반복하지 않으면 익힐 수 없다. 주어진 약속은 기도에 의해 얻게 된다. 하지만 기도의 의미를 알고 있더라도 알고 있는 것만으로는 약속된 은혜가 현실이 될 수 없다. 칼빈은 기도를 밭에 숨겨진 보석에 비유하기를 좋아하면서 기도를 권면했다. 즉 보석이 밭에 있는 것이 사실이고 그것을 아무리 잘 알고 있다 하더라도 파내지 않고 땅에 묻혀 있게 해서는 전혀 의미가 없다. 그런데 묻혀 있는 그 보석을 파내는 것이 바로 기도인 것이다.

제20장의 기도론은 이 한 장만으로도 한권의 독립된 책으로 읽을 수 있다. 이 장으로 강요 전체를 파악할 수 있다고 말할 수는 없지만, 강요에서 가장 뛰어난 장임에는 틀림없다. 지상의 교회가 만들어낸 기도론 중에서 가장 훌륭한 기도론인 것이다. 이 장 전반부는 원리적인 면을, 후반부는 주기도문을 한 조목씩 차례로 다루고 있다.

나는 『기독교강요』가 교리라는 점에 중점을 둠과 동시에, 실제 교리가 신앙의 관념화 혹은 개념화로 바뀔 위험이 많다는 점도 때로 지적했다. 칼빈 역시 자신의 신학이 관념화로 끝나지 않도록 실천에 초점을 두었다. 이런 칼빈신학의 특성을 볼 수 있는 장이 기도론이 아닐까 생각한다. 거의 같은 시대에 쓰인 책으로 이그나티우스 로욜라(Ignatius of Loyola)의 『영적 훈련』(靈的體操, Spiritual Exercises)이 있다. 몸의 연습을 하는 체조는 몸을 움직이는 기능을 유지하는 것을 목표로 하는데, 이런 점에서 영적 훈련은 영혼의 체조라 할 수 있다. 가톨릭의 예수회 사람들은 이 책을 높이 평가하지만, 신학적 원리에서 보면 내용이 빈약한 책이다. 오히려 이보다 『기독교강요』의 기도론이 훨씬 깊이가 있고 위안으로 가득 차 있다.

더욱이 이그나티우스의 책에서 발견되는 한 가지 문제점은 사람의 혼을 조작하는 기술을 찾는 것 같다는 점이다. 어쩌면 이것이 오늘날 이 책을 받아들이는 이유가 되었는지도 모른다. 현대는 사람의 마음을 조작하는 수법을 발견하려는 심층심리에 관심을 두고 이를 추구하는 시대이기 때문이다. 하지만 다행히도 그런 수법은 발견되지 않았는데, 그럼에도 사람들은 그것을 발견했다고 말하면서 사람을 끌어들이려는 속임수를 행하고 있다. 다양한 종교와 유사종교에서도 이런 시도가 이루어지고 있다. 심지어 기독교회에도 이런 시도가 유입

되었다. 우리가 명심해야 할 것은, 하나님은 인간의 마음으로 들어오는 수단으로, 직접적으로는 성령의 역사와, 간접적으로는 교회가 전파하는 말씀 이외의 것을 주시지 않았다는 점이다. 따라서 우리는 영적 수련에 있어서 오직 말씀에 의한 방법을 고수하지 않으면 안 된다.

기도에 관해 신학역사에서 칼빈이 이론적으로 공헌한 점이 있을까? 아쉽지만 그런 것은 없다. 사실 기도의 이론은 극히 단순한 것으로서, 그리스도께서 기도하라 하신 것에서 더 나아갈 것도 없고, 더 나아갈 여지도 없다. 따라서 칼빈은 다만 지금까지 기도 속에 들어있는 불순한 요소를 제거하는데 강조점을 두었을 뿐이다.

칼빈은 위급할 때만 기도하거나 또는 종교 감정을 본능과 깊이 연관된 것으로 보는 비본질적인 요소의 위험을 지적했고, 나아가 그런 오류에 대한 지나친 관용을 우려했다. 특히 그리스도가 유일한 중보자임을 부인하는 위험에 대해 깊이 우려했다. 즉 죽은 성자(聖者)들의 이름으로 기도하는 것은 그리스도만이 유일한 중보임을 부인하는 것이요, 우리들과 아무런 교통이 없는 죽은 자를 위해 기도하는 미신에 불과할 뿐이라고 우려를 표명했다.

8. 영원한 예정

예정론(豫定論)을 칼빈의 특색이라고 말하지만, 이것은 정확한 이해가 아니다. 왜냐하면 당시 진정한 신학자라면 모두가 예정의 문제를 생각하고 있었기 때문이다. 중세 말기 인간의 관심이 절대적 의지를 가진 하나님을 향해 있을 때, 예정론에 대한 관심이 고조되었다. 예를 들면 루터의 교사였던 슈타우피츠(J. Staupitz)가 남긴 글은 예정론에 관한 것이 대부분이다. 칼빈 역시 남들 이상으로 이 문제를 엄밀히 다루려했다. 그런데 그것이 당시의 많은 사람들에게 상당히 매력적으로 다가왔다. 그러나 이것이 당시 시대 풍조에 따라 거론되어 단지 예정론을 명쾌하게 논구한 것뿐이라면 아무런 의미가 없을 것이다.

칼빈이 예정의 문제를 거론한 것은, 무엇보다도 성경에서 이 점을 가르치고 있기 때문이다. 물론 성경에 언급된 모든 항목을 다 교리로 거론해야 하는 것은 아니다. 교리로 거론하기에는 곤란한 항목들도 있다. 그러나 예정론은 설사 교리로 보기에 곤란한 부분이 있다고 해도 거론하지 않을 수 없는 항목이었다. 이 문제를 계속 논하지 않으면 구원의 확신에 대한 가르침이 불완전해지기 때문이다. 즉 구원의 확신을 가지기 위해서는 인간의 결정과 노력은 철저히 낮추는 반면, 하나님을 의지하는 절대성은 더욱 곤고히 확립되어야 했다. 이것이 이른바 인간의 종국이 결정되어 있다는 예정론이다.

예정론이 반드시 교리체계 서두에 와야 한다는 신학적 주장이 있다. 데오도르 베자(Theodore Beza) 이후 많은 개혁파 신학자의 체계가 그러했다. 그러나 칼빈은 예정론을 그의 신학체계의 서두에 두지 않았다. 태초의 예정이기 때문에 창조론보다도 앞서 논해야 한다는 생각은 논리적인 요청일지는 모르지만, 교리체계는 결코 이론적 요청에 의해 만들어지는 것이 아니다. 논리를 앞세우면 논리성만 강조되어 가르침으로서의 기능이 무시될 우려가 있다. 이런 점에서 칼빈이 『기독교강요』 제2판 이후부터 최종판 이전까지는 예정과 섭리를 같은 장에서 다루다가 최종판에 이르러서야 이것을 분리시켰다는 것은 유의해야 할 사항이다. 별 차이가 없는 것 같지만, 내용이 다르다는 것을 알아야 한다. 섭리는 언제나 모든 영역에서 일어나는 것이지만, 예정은 구원의 역사에만 관련되기 때문이다.

이 예정교리는 숨겨두신 하나님의 계획이라고 할 수 있다.

하나님이 숨겨두셨지만 구원받은 자와 멸망자가 있기 때문에 결과적으로 계획이 알려지게 되는 것이다. 이 숨은 뜻을 계시하신 것도 하나님 자신의 의지이다. 하나님은 우리들과 관련이 있고 이익이 된다고 예견한 것만을 계시해야 한다고 생각지는 않으셨다. 하나님의 지혜가 두려울 정도로 깊은 것이라는 점을 이해해야 할 때가 있다. 그러나 택하심의 교리는 다른 교리항목과 다르고, 특별히 신중하게 취급되어야 하는 깊은 뜻이 있다. 따라서 결코 가볍게 다루어서는 안 된다.

'예정'이라는 말은 로마서에 나오는데, 이 내용이 풍성하게 드러난 곳은 구약이다. 예정에 대한 구약적 표현은 '택하심'이다. 칼빈도 택하심이란 말을 좋아했다. 신명기 7장 6-7절은 이스라엘이 선택되었다고 말한다. "너는 여호와 네 하나님의 성민이라. 네 하나님 여호와께서 지상 만민 중에서 너를 자기 기업의 백성으로 택하셨나니 여호와께서 너를 기뻐하시고 너희를 택하심은 너희가 다른 민족보다 수효가 많은 연고가 아니니라. 너희는 모든 민족 중에 가장 적으니라." 이스라엘을 택하신 근거는 단지 하나님이 그들을 좋게 여기셨기 때문이다. 그 이상의 이유는 없다.

하나님이 자신의 의지로 좋다하신 점을 인정하지 않으면

안 되기 때문에 예정에 앞서서 예지(豫知)가 있게 된다. 그런데 이러한 예지에 기초하여 예정하신다는 해석은 예정론의 골자를 뺀 것이라고 할 수 있다. 루터파에서는 루터가 초기에 어느 정도 단호하게 예정을 주장했음에도 불구하고, 개혁파와의 논쟁을 우려하여 협화신조(協和信條)에서는 예지에 입각한 예정으로 확정했다.

예정에 대해서 의문을 품는 대부분의 사람들은 이중 예정에 대해 오해한다. 즉 '택하심'만이 중요할 뿐, '유기'는 말할 필요가 없는 것으로 생각한다. 만일 칼빈이 '택하심'만을 설명했다면, 많은 사람이 그를 믿고 따랐을 것이다. 이런 요구는 당시 시대에도 있었다. 그러나 칼빈은 그런 의견을 따르지 않았다. 여기에 위험의 소지가 있음을 감지했기 때문이다. '택하심'과 '유기'는 동전의 양면과 같이 연결되어 있는 것이다. 유기가 있기 때문에 택하심의 확인이 가능한 것이다. 하나의 교리조항을 설명할 때, 그 가르침에 반대하는 자가 있다면 그는 저주를 받을 것이라는 저주조항이 부가된다. 긍정적으로 말해진 것을 부정적으로 말함으로써 확실하게 하는 것이 통례이다. 말할 만한 실질적인 것은 말했기 때문에 거북한 것은 말하지 않는 게 좋지 않은가라고 생각하는 사람이 있을 수도 있다. 그러나 그것은 무책임하고 확인 없이 말하는 것과 같을 뿐이다.

칼빈의 예정론에 대해 재해석을 시도한 이는 바르트(K. Barth)였다. 그는 택하심을 철저히 그리스도 안에서 이해해야 한다고 했는데, 여기에 그리스도가 택하셨다고 말한 점에서 애매한 점이 남는다. 비록 인간 편에 있는 그리스도를 말하려고 한 시도는 참신하지만, "너희가 나를 택한 것이 아니라 내가 너희를 택했느니라"고 말씀하시는 '택하시는 하나님'으로서의 그리스도가 없다면 예정론은 성립될 수 없다.

하나님의 결정(혹은 예정)이 인간의 책임을 보류하는 것이 아니냐는 의문은 고대부터 계속해서 예정의 문제나 섭리의 문제와 관련하여 빈번히 제기된 바 있다. 그리고 이점에 대해서 아우구스티누스는 하나님의 의지에 의해 인간의 의지가 오히려 적극적이 된다고 대답해 왔다. 이것은 강하게 변명하는 것이 아니며, 또한 사리나 이치에 맞지 않게 부자연스러울 정도로 강한 척하는 것도 아니다. 하나님의 의지에 의해 인간이 의지가 적극적이 된다는 것은 하나님의 결정을 믿는 사람들이 현실을 살아가는 방식에 의해, 또는 그런 타입의 인간상에 의해 역사 속에서 증명된다고 생각한다. 다만 왜 그렇게 되는

가에 대해서는 하나님의 결정에 의존하는 것이 운명에 따르는 삶의 방식이라고 밖에 설명될 수 없다. 더 이상 납득할 수 있는 설명이 없어도 되지 않을까?

또 예정이 강조될 때 전도의 열심이 식어지는 것이 아니냐는 우려의 소리도 종종 듣게 된다. 하지만 예정은 감춰져 있으므로 "모든 백성을 제자로 삼으라"는 명령에서 누구도 제외될 수는 없다는 의견은 성립할 수 있지만, 반대로 예정되지 못했다는 가정 아래 "모든 백성을 제자로 삼으라"는 명령을 반대할 명분은 충분하다고 볼 수 없다. 교회의 역사를 보면, 예정을 믿는 그룹 쪽이 예정을 믿지 않는 그룹 이상으로 전도에 열심이었다는 실례들을 발견할 수 있다. 18세기에 영국의 침례교는 예정을 믿는 '특수 침례교'(Particular Baptist)와 예정을 믿지 않는 '일반 침례교'(General Baptist)로 대립했는데, '특수 침례교' 쪽이 전도에 대해 상당히 열심이었다는 점은 잘 알려져 있다. 한 가지 더 내가 생각하는 것은, 이 사람들이 전도에 열심이었던 것이 전도의 성과를 보고 상대를 돌보는 인간적인 열정이나 의지 때문이 아니라, 그보다 열성적인 전도의 근거가 되는 뭔가 다른 것이 있지 않았을까 하는 것이다. 아마도 그 근거는 신앙인의 정체성이었을 것이다. 그리고 그 정체성을 확인시켜 주는 분명한 교리조항이 유효하게 작용했을 것이다. 결국 교리가 애매한 교회는 설사 일시적으로는 왕성한 전도활동을 할지 몰라도 그것이 지속되지는 않는다.

9. 마지막 부활

제3편의 마지막 장은 부활 신앙에 맞춰져 있다. 사도신경에서는 이것이 끝에서 두 번째 항목에 자리한다. 마지막 부활은 사도신경도 다루고 있기 때문에, 『기독교강요』 초판 이래 계속 거론되어 왔다. 그러나 비교적 짧게 취급되었을 뿐인데, 최종판에 이르러서는 이것을 하나의 독립된 장으로 다루면서, '육신의 소생'보다도 '영원한 생명'을 더욱 신중하게 다루었다. 아마도 시간이 지남에 따라 최후의 부활의 중요성을 느끼게 되었던 것 같다.

칼빈은 예수 그리스도의 부활을 설명한 후 우리의 부활에 대해 논했다. 왜냐하면 그리스도의 부활이 죽은 자의 부활의 첫 열매이기 때문이다. 비록 초판에서는 그리스도의 부활에 관한 항목을 상당히 짧게 다루었지만, 최종판에서는 그리스도가 구속주로서의 과업의 완수를 논하는 장으로 부활을 아주 상세히 설명했다. 더불어 제3편에서 그리스도의 은혜를 추가시킨 후에 한 장을 따로 만들어 부활에 대해 서술하는 것이 적절하다고 생각했는데, 이것이 종말론이다.

종교개혁 이전의 기독교라고 해서 부활에 대해 관심을 가지지 않았을 리가 없다. 그러나 교회는 오랫동안 플라토니즘과 마니교의 이원론의 영향을 받았는데, 이는 영적인 것이라기보다는 오직 정신적인 것만 존중하면서 육체는 철저히 천시하는 것이었다. 따라서 육체의 부활에 대한 관심은 매우 낮을 수밖에 없었다. 이런 일반적인 상황에서 생각해 볼 때, 칼빈이 이 항목에 열의를 가진 이유를 잘 알 수 있다. 요컨대 성경적 세계를 복원하려 한 것이었다.

칼빈의 부활론이 후세에까지 이어질 정도로 그 깊이가 더해 가는 이유 중 하나는 칼빈 자신의 내면의 성장 때문이었을 것이다. 그리고 또 다른 이유는 그의 성경연구, 특히 구약연구의 성과였을 것으로 생각한다.

예수 그리스도 당시에도 바리새파와 사두개파가 죽은 자의 부활을 둘러싸고 논쟁했다. 바리새파는 구약성경에서 죽은 자의 부활을 읽고 이를 믿었으나, 사두개파는 구약을 읽어보려고도 하지 않았고, 따라서 부활을 믿지도 않았다. 바울은 산헤드린 공의회에서 재판받았을 때, "나는 죽은 자의 부활을 믿는다"고 외쳤는데, 이는 죽은 자의 부활을 믿는 것이야말로 이스라엘 신앙의 본류라고 분명히 말한 것이었다.

『기독교강요』의 각 판들이 모두 그리스도의 부활을 다루지만, 종말의 때에 있을 죽은 자의 부활은 최종판에서만 거론된다. 칼빈이 유대인 가운데 사두개파가 부활을 믿지 않은 것에 대해 심하게 비난한 것은, 그들에게서 구약 신앙에서의 일탈을 보았기 때문일 것이다. 칼빈은 죽은 자의 부활을 믿는 것이 구약 신앙의 본류라고 생각했던 것이다. 칼빈은 구약에서 신약에 이르는 일관성을 축으로 자신의 신학을 구축하려 했던 것으로 보인다. 이러한 일관성을 주장하는데 있어서 죽은 자의 부활이라는 테마는 적절한 것이었다.

제6장 『기독교강요』 제4편 : 그리스도와의 교제의 외적 유지, 교회론

1. 외적 수단을 포함하는 교회 2. 교회의 직무 3. 직무의 다양성 4. 설교직 5. 장로직, 집사직 6. 교회의 권위 7. 성례전 8. 시민 사회의 질서

1. 외적 수단을 포함하는 교회

그리스도와의 교제가 칼빈의 교리체계의 중심을 이루고 있다는 점에 대해서는 앞에서 이미 말했다. 그리스도와의 교제는 성령에 의한 내적인 것이다. 즉 성령에 의해 우리들 마음 속에 신앙이 생겨나고, 이 신앙이 그리스도를 구주로 받아들임으로 그리스도와의 교제가 실현되는 것이다. 그런데 신앙이 생겨날 때에 성령은 단지 내적으로만 작용하는 것일까? 그렇지 않다. 사람들의 설교, 곧 말씀의 '외적' 전달 또한 성령과 함께 역사한다.

더욱이 그리스도와의 교제가 이루어진 후, 이 교제를 유지하고 성장해 가기 위해서는 외적수단이 끊어져서는 안 된다. 이 외적수단을 통해서 그리스도를 전파하는 것을 선교라 해도 좋은데, 이 외적수단을 포괄하는 것이 지상에 있는 교회다. 이 교회에 의하지 않고서는 구원의 부름도 없고, 신앙이 생길 수도 없고, 수련이 될 수도 없기 때문에, 결국 구원에 도달할 수도 없다. 그리스도와의 교제는 개인적인 것이 아니라, 그리스도와 관계된 신앙인들이 그리스도 안에서 교제함으로 교회와 연결되어 있다는 것은 말할 필요도 없다.

이런 의미에서 "교회 없이는 구원이 없다"는 가톨릭의 주장을 종교개혁에서도 계승한다고 볼 수 있다. 그렇지만 이 주장의 속 내용은 상당히 다르다. 가톨릭에서는 교회라는 기구가 이미 구원을 가지고 그것을 나누어준다는 함축적 의미가 있다. 하지만 종교개혁에서는 구원에 이르게 하는 수단으로서 교회의 의무를 말한다.

'외적'인 것이라고 해서 반드시 '내적'인 것에 비해 못하다는 의미는 아니다. 여기서 '외적'이라는 말에 비해 '내적'이라는 말은 성령에 의한 영적인 것을 가리킨다. '내적'인 것은 인간의 의무를 개입시키는 외적인 것보다 확실한 면을 가지나, 그렇다고 외적인 것과 무관한 내적인 것은 확증이 부족하므로 결국 내적인 것은 외적인 것과 연관되지 않으면 현실화될 수 없다. 하나님은 이러한 외적인 부분에까지 역사하신다.

루터는 외적인 것에 그다지 가치를 부여하지 않지만, 칼빈은 그렇지 않았다. 그는 내적인 것과 외적인 것을 이원론적으로 다루어서는 안 된다고 보았다. 내적인 것의 구체화가 외적인 것이다. 내적인 것이 형상을 가질 때 외적인 것으로 나타난다. 따라서 외적인 것 없이는 내적인 것이 보존될 수 없다.

교회의 표식(標識)이라는 표현이 종교개혁기의 용어로 등장

한다. 즉 하나님만이 아시는 진실한 교회는 불가시적인 것으로, 다만 표식에 의해 식별할 수 있다는 것이다. 따라서 이 표식이 없다면 진실한 교회가 아니지만, 이 표식이 있으면 다른 점에서 다소 문제가 있더라도 참된 교회로 인정할 수 있다. 그러므로 이 표식을 문제 삼게 된다. 보이지 않는 교회의 본질을 파고드는 것은 교회의 기능 중 하나인 자기검토에 해당하는 것으로서, 신학에 있어 대단히 중요한 문제라고 생각된다.

루터파의 아우구스부르크 신앙고백은 교회의 표식으로 설교와 성례전 두 가지를 들었다. 칼빈도 이것을 따랐다. 하지만 칼빈은 설교가 올바르게 선포될 때만 '듣게 된다'고 했고, 또 성례전이 바르게 집행될 때만 '받아들인다'는 식으로 표현했다. 즉 설교가 선포되고, 성례전이 집행되더라도 올바른 의미에서 그것을 따르지 않는 경우가 있을 수 있다는 것이다. 이런 경우는 참된 교회의 표식이라 할 수 없다.

참된 교회의 세 번째 표식으로 교회의 치리(discipline)를 덧붙이는 견해가 있음을 칼빈도 알고 있었다. 비록 그가 이것을 특별히 반대하지는 않았지만, 그렇다고 반드시 덧붙여야 한다고도 생각하지 않았다. 성례전을 바르게 집행하는 지도가 행해짐에도 불구하고, 즉 진실한 회개로 인도됨에도 불구하고 순종하지 않는 자가 있다면, 그것은 지도가 철저하지 못했기 때문이므로 그에 대한 규율이 필요했다. 그러나 설교나 성례전이 그리스도를 전파하는 수단인 것에 비해, 치리는 그 자체로서는 그리스도를 전파하는 것이라기보다는 보조수단이므로 앞의 두 가지와 같은 열에 세울 수 없다고 생각했다.

2. 교회의 직무

제4편의 표제는 "하나님이 우리를 그리스도의 공동체로 나오게 하시고 우리를 그 안에 있게 하시려는 외적인 은혜의 수단에 대하여"로 되어 있다. 이것은 곧 교회론을 의미하므로, 결국 교회는 외적수단에 불과한 것으로 생각할지도 모른다. 그러나 칼빈은 그렇게 말하지 않았다. 교회 그 자체는 하나님의 백성, 혹은 신자들과의 교제이다. 칼빈은 교회 그 자체에 대해서보다는 교회의 기능에 대해서 많이 논한다.

그러면 칼빈은 교회 그 자체에 대해서는 전혀 말하지 않았을까? 아니다. 이에 대해서 칼빈은 여러 곳에서 말하고 있다. 다만, 교회 그 자체나 본질에 대한 주장을 묶어 거창한 이론을 구축하려 하지 않았을 뿐이다. 게다가 칼빈은 개신교 교회론과 가톨릭 교회론 사이에 큰 차이가 있다고 생각한 것 같다. 천주교에서 말하는 본질에 대해서 생각할 경우, 그것은 곧 철학이 되어버리는데, (물론 존재하는 한 철학적 사고의 대상이 되겠지만) 그럴 경우 직무와는 관계가 없게 되고 결국 자립사상의 유기(遊技)에 빠질 위험이 있다고 보았을 것이다.

여기서 칼빈은 "교회는 무엇이다"라는 명제를 무시하지는 않지만, 이 점에 대해 깊게 파고드는 것을 피한 것으로 보인다. 예를 들어, 그는 '교회는 신자의 어머니'라는 고대교회의 인식을 답습하면서도, 이것을 비유로 한정하는데 그치고 만다. 오히려 칼빈은 교회가 그리스도의 몸이라고 처음부터 말하고 이 성경적 표현을 따른다. 그렇다고 여기서 그리스도를 머리로 하는 기구의 특권을 강조해서는 안 된다. 몸이 머리에 속하고, 그 머리의 뜻대로 행하는 한 몸으로서 비유한 것에 의미가 있을 뿐이다. 이런 점에서 교회의 존재에 대해 말할 때, 그리스도의 몸이라는 말은 자제할 필요가 있다. 단지 교회의 기능에 대해서 말할 때에만 그리스도의 몸으로서의 의미가 있는 것이다.

그리스도와의 교제는 내적이며 영적인 것이지만, 이 교제에로 우리를 부르시고 또 이 교제를 유지하고 완성에 이르게 하는 수단은 무엇보다 말씀의 외적 설교를 통한 그리스도의 전파이다. 그런데 이 직무를 그리스도는 교회에 맡겼고, 교회는 말씀의 봉사자를 따로 세워 이 직무를 수행하게 했다. 물론 어떤 사람은 그리스도가 교회에 이 직무를 맡기신 것과 교회가 이 직무를 감당할 봉사자를 세우는 순서에 대해 의문을 제기할 수도 있다. 즉 그리스도는 먼저 사도를 세우셨고, 사도가 그 직무를 수행함으로 교회가 세워지는 순서가 아니냐는 것이다. 외면적으로 볼 때(나쁜 의미의 외면적이 아니라, 구체적으로 역사 가운데서 나타난 것을 말한다는 점에서), 사도가 교회를 세우는 것으로 보는 것이 틀린 것은 아니다. 칼빈도 그것을 알고 있었고, 말씀에 의해서 교회가 세워 진다고 강조하기도 했다.

그러나 교회에는 또 한 가지 측면이 있다. 앞에서 칼빈이 깊이 검토하거나 논의하지 않으려 한 것 같다고 말한 교회의 본질에 대한 것이다. 교회는 하나님의 택하심에 기초를 두고 있다. 또한 교회는 그리스도의 성육신 이전인 구약시대 때부터 존재했다. 그 때도 교회는 단순히 하나님만이 아시는 보이지 않는 형태로 존재한 것이 아니다. 비록 불완전했지만 그 때도 형태를 지니고(유형) 있었다. 예를 들면, 모세의 영도의 기반이었던 광야의 집회를 들 수 있다. 스데반은 그의 마지막 설교에서 이 집회를 '광야의 에클레시아'라고 했다. 그것은 집회이지 교회가 아니라고 강변하는 것은 의미가 없다. 다윗 왕국 또한 외적으로 다가올 다윗 후손의 왕국, 즉 교회를 어느 정도 투영하는 거울 역할을 한 것이라 볼 수 있다.

이와 같은 구약의 교회 이후에 신약의 교회가 있는 것이라는 이해가 개혁파 교회론의 기초이다. 이 점에 대해 많이 언급하는 대표적인 문서가 존 녹스의 『스코틀랜드 신앙고백』이라고 생각한다. 칼빈도 이 이해를 기초로 교회론을 생각했다. 구약의 교회는 때로 가시적인 형태를 취하는데, 그 교회의 불가시적인 뿌리로서 하나님의 택하심과 부르심을 생각하지 않을 수 없다. 하나님의 택하심과 부르심이야말로 교회의 기초라고 칼빈은 자주 언급했다. 택하심이 교회의 기초라는 것은 올바른 이론이다. 비록 이것이 관념적 논의처럼 생각될지도 모르지만, 실제적으로 이것은 지극히 유용한 원리이다. 하나님의 선택이라는 이 원리를 믿고 있기 때문에, 교회는 어떤 가혹한 시련에서도 견딜 수 있는 것이다.

3. 직무의 다양성

 칼빈은 교회의 직무를 다원적으로 이해했다. 이에 반해 가톨릭에서는 성직이라고 불리는 것이 한 가지뿐이다. 로마의 주교를 교회의 머리라고 하는데, 곧 교회의 직무를 담당하는 자가 머리인 것이다. 여기서 그 직무라는 것은 그리스도가 베드로에게 주셨던 천국 열쇠를 행사하는 것이라고 설명한다. 그리고 천국의 열쇠를 사람을 천국에 들이느냐 마느냐의 판정을 내리는 권능이라 설명하면서, 이것을 통치권(裁治權)이라 명명한다.

 통치권의 행사에 대해 좀 더 설명하자면, 로마 교황이 이것을 실제로 행사하는 것은 불가능하므로 통치권 행사의 실행을 하급자에게 위임하게 된다. 그래서 교황에서 대주교로, 대주교에서 주교로, 주교에서 사제로 계열화가 필요하게 된다. 최하위 사제의 직무는, 신자의 고해를 듣고, 그것에 적절한 지시를 내림으로 스스로의 죄를 속죄 받게 하는 것이다. 이것을 일종의 재판이라고 설명하는데, 왜냐하면 죄를 범한 자에게 자신의 죄를 속죄하기 위한 형벌을 지시하기 때문이다. 따라서 재판을 실수 없이 행하기 위해서는 각 경우에 따라 형량

(刑量)이 과하거나 부족함이 없도록 해야 했다. 결의론(決疑論)이라는 학문체계가 가톨릭 실천철학에서는 상당히 중시되었지만, 오늘날은 이것을 신학이라고 부를 만큼의 가치가 없기 때문에, 거의 다루지 않게 되었다.

이상의 통치권 행사 외에도 제사기능, 즉 희생봉헌(sacrifice)이 있다. 여기서 희생이라는 것은 그리스도의 몸 된 교회가 그리스도의 몸을 날마다 바치는 일, 곧 미사의 집행을 뜻한다. 개신교 교회는 이러한 미사를 폐지했다. 왜냐하면 그리스도가 단번에 드린 희생으로 대가를 치르셨기 때문이다. 따라서 가톨릭의 제사기능이 개신교에 의해 문제시되는 것은 당연했다. 이런 점에서 루터는 만인제사장직을 주장했지만, 그는 급진적인 사람들이 이 주장에 동조한 이후에는 이 단어를 쓰지 않았다. 비록 칼빈이 만인제사장이라는 주장을 특별히 하지는 않았지만, 여하튼 그리스도의 제사장직이 그리스도와 관련된 모든 사람의 직분이라는 것은 당연하다.

교회를 지도하는 권능, 곧 목회 역시 하나의 직분이다. 개신교에서 가장 중시하는 직무는 말씀을 선포하는 직무이다. 루터파에서는 말씀을 선포하는 직분을 중시했는데, 그것이 거의 유일한 직분이었다. 이처럼 루터파에서는 교회의 직분을 단수로 보았다. 하지만 칼빈은 직분을 복수라 생각했다. 이것이 성경의 가르침에 입각하고 있음은 말할 필요도 없다. 로마서 12장과, 고린도전서 12장에서는 하나의 몸에 여러 개의 지체가 있고, 각각의 지체가 서로 다른 기능을 가진다고 말한다. 그러므로 직분이 한 종류만이라는 생각은 옳지 않다. 칼빈은 네 가지 교회의 직분에 대해서 말했다. 즉 목사, 교리교육을 감당하는 교사, 교회를 다스리는 장로, 봉사를 하는 집사가 그것이다. 이런 직분관은 부써에게서 시작되었다고 보지만, 내가 보기에 부써에게는 교회적 직무에 대한 이해가 아직 완전히 확립되지 않았던 것 같다.

20세기 후반에 들어와 개신교가 처음으로 언급했고 뒤늦게 가톨릭에서도 성행하게 된 것이 평신도〈信徒〉의 활동이다. 이는 교회에는 성직만이 있는 것이 아니고, 따라서 평신도가 성직에만 의존해서는 안 된다고 주장한다. 이것은 나름 일리가 있다. 그러나 과연 평신도의 적극성만을 강조하는 것이 옳을까? 비록 즉흥적인 생각과 주장에 의해 일시적으로는 활발하게 활동할 수 있을지 모르지만, 그것이 계속되기는 어렵다. 그러므로 직분에는 당연히 직무규정이 정해져야 한다. 평신도의 직무라는 것만으로는 내용이 너무 애매하다.

몸의 지체가 각각 움직여야 하는 것은 일반적인 상식이다. 따라서 신학자는 좀 더 성경에 입각해 교회적으로 생각해야 한다. 칼빈이 내세운 네 가지 직분으로 부족하다는 견해도 있지만, 그렇다고 평신도가 적극적으로 자기 직분을 자각해야 한다는 주장만으로는 초점이 없는 추상론이 되고 만다. 오히려 평신도 가운데서 선출된 자가 직분을 수행해야 한다는 점을 먼저 분명히 할 필요가 있다. 나 역시 칼빈의 견해에 따라 일반적 평신도론을 논하지 않고, 평신도 가운데서 선출된 자의 직분에 대해서 논하고자 한다. 평신도의 직분에 대한 논의를 전개하려면, 주로 집사직을 확대하는 방향으로 고려해야 할 것이다.

교회에는 네 가지 직분이 있고, 그 중에서 말씀을 선포하는 직분이 특히 중시되는 것은 당연하지만, 네 가지 직분 모두가 주님께로부터 위임받은 것으로서 본질적으로는 직분간의 우열이 없다. 설교자로 부르심을 받은 자에 대해서 그 자질을 묻고, 소명을 검토하고, 교회의 심의를 거쳐 세워야 하는 것 같이, 다른 직분에 있어서도 똑같은 방법으로 실행되어야 한다. 그렇지 않으면 목사직만이 본질적인 직무이고, 다른 직무는 본질적인 직무가 아닌 것이 되기 때문이다.

4. 설교직

직분자의 선임에 대해 『기독교강요』에서는 설교직의 경우만을 다루고 있다. 칼빈은 이 원리를 다른 직분의 경우에도 실행해야 한다고 말하지는 않지만, 사실 다른 직무에도 당연히 실행해야 한다.

설교직이 결정적인 의의를 갖는 것은, 그것이 택하심에 기초한 부르심이기 때문이다. 주의 부르심을 받은 본인은 물론이지만, 회중 또한 이 점을 인정해야 한다. 말하자면, 교회는 그 사람의 부르심을 인정하고, 그가 주님의 이름으로 세워진 그릇임을 인정해야 한다는 것이다. 이는 임직식을 통해 행해져야 한다. 이것이 본래의 절차인데도, 이대로 실행되지 않는 경우가 있다. 곧 주님이 부르셨음에도 불구하고 사람들이 이를 인정하지 않는 경우이다. 구약의 예언자 대부분이 그러했다. 그리스도의 교회에서는 결코 그래서는 안 되지만, 실제로는 그런 경우가 있다. 소명을 받은 자에 대해 교회가 세울 것을 거부하는 경우이다. 물론 본인이 올바르지 못해 부르심을 받은 증거가 드러나지 않는 경우도 있을 수 있다.

종교개혁기 지도자의 상당수는 가톨릭교회에서 교직의 임

직을 받았다. 하지만 칼빈의 경우는 임직을 받은 증거가 없다. 그는 평신도 지식인이자 평신도 단체의 지도자로서 세워진 후, 그대로 개신교교회의 목사가 되었다. 그가 제네바에서 활동하기 시작했을 때, 그는 강사로서 성경강의를 담당했다. 이것은 시(市)에서 임명한 것이었다. 그 뒤 칼빈은 바로 목사의 일을 시작했지만, 실제로 교회의 세움을 받은 기록은 없다. 이는 기록이 유실된 것이 아니고, 실제로 임직식이 없었던 것으로 보인다. 다시 말해, 칼빈은 안수를 받지 않았던 것이다. 후에도 그는 임직식을 한 적이 없었다. 그렇다면 칼빈은 실질적인 목사가 아니며, 인정되지 않은 설교자가 아닌가? 하지만 칼빈은 자신의 부르심을 확신하고 있었다. 그의 동료인 목사들도, 그의 설교를 듣는 교회 성도들도 그가 부르심을 받은 설교자라는 것을 의심하지 않았다. 다만 의식이 없었을 뿐이다. 아니 그 의식을 굳이 수행해야 할 이유가 없었던 것이다. 결국 안수는 성례전이 아니며, 안수를 통해 영적인 은사가 전달되는 것은 아니기 때문이다.

주님의 부르심을 받은 사람은 '예비'와 '응답'이 필요하다. '예비'라는 단어의 본래 의미는 '시간적으로 미리 시작되는 것'이다. 하지만 예상치 못한 부르심도 있는데, 그 경우는 부르심을 받고 난 후가 된다. 이런 식으로 부르심을 받고 난 후 훈련되는 경우도 많다. 직무에 부르심을 받으면, 그 직무에 상응하는 그릇이 될 수 있도록 자기 자신을 세워가야 한다. 그런데 일단 직무를 맡았으면 그 뒤로는 설치된 레일 위를 달리기만 하면 되는 것인가? 그렇다고 할 수도 있고, 그렇지 않다고 할 수도 있다. 손에 호미를 든 자는 뒤를 돌아보면 안 되는 것처럼, 그것은 되물어 볼 여지가 없는 부분이다. 부르심을 받는 사람은 부르심 받은 직무를 해내는 은사도 받았다고 확신해야 한다.

부르심을 되물어 볼 필요는 없지만, 자기의 삶의 방식이 부르심에 상응하는지를 계속 묻고, 자기 개혁을 지속적으로 해나갈 필요는 있다. 칼빈은 말씀을 전하는 직무를 받은 이는 살아있는 사람이라고 중시한다. 즉 전능하신 하나님은 모든 일을 직접 수행하실 수도 있고, 인간 이외의 기관을 이용하실 수도 있다. 하지만 그렇지 않으시고 일부러 부족하고 문제 많은 인간에게 이 직무를 맡기셨다. 이것은 인간이란 존재에게 영광스런 위임이 아닐 수 없다. 따라서 이 직무를 맡은 자는 올바른 의미에서 인간적이어야 한다. 물론 그렇다고 반드시 매력적인 인간이어야 한다는 의미는 아니다. 매력이라는 것이 단순한 한 가지 측면에 지나지 않을 경우가 많고, 또 사람들의 기호도 시대와 더불어 늘 바뀌기 때문이다.

주님은 인간을 통해서 말씀하시기 때문에, 설교자로 부르심 받은 사람의 말은 하나님의 말씀을 옮길 만한 그릇이 되어야 한다. 칼빈이 실제로 고심하고 노력했던 일은, 제2장에서도 말했듯이, 문장의 단련을 통해서 인간을 다듬는 일이었다. 물론 그가 퇴고(推敲)에 퇴고를 거쳐 설교 원고를 다듬어 낸 것은 아니다. 사실 그에게는 설교 원고를 쓸 시간조차 없었다. 그런데 칼빈이 설교 원고를 빠르게 써 낸 후, 그것을 퇴고하지 않은 것은 바빴기 때문만이 아니다. 매번의 설교가 하나님의 입이 되어 한 말씀이므로, 인간이 손댈 여지가 없다고 생각했기 때문이기도 하다.

설교자의 생활이 어떠해야 하는가에 대해서는, 칼빈이 『기독교강요』에서 이야기하지 않지만, 제네바 교회의 규칙에는 목사의 품행이 규정되어 있고, 적절하지 않은 행동이 어떤 것인가가 열거되어 있다. 이 규정에 입각해서 목사들은 서로를 살폈다. 그런데 적절하지 않은 것으로 열거된 항목을 제외한, 적절한 삶의 태도는 어떤 것인가? 그것은 부르심 받은 사람 각자가 스스로 판단하여 만들어 가는 삶의 태도이다. 설교자로서 부르심을 받았으면, 설교가 그리스도를 더욱 더 잘 전하는 것이 되도록 하기 위해 끊임없이 공부하고 수련해야 한다. 배우면서도 그 배움으로 인해 더 훌륭하게 그리스도를 전파하지 못하는 설교라면, 배우는 방법이 잘못된 것이 아닐까 고 자문을 해 볼 필요가 있다.

칼빈이 인간성을 억압했다거나 상당히 금욕적인 생활을 했다고 생각하는 사람이 있는데, 이것은 편견일 뿐이다. 뛰어난 칼빈학자인 리샤르 스토페르(Richard Stauffer)가 『칼빈의 인간성』(L'humanité de Calvin)이란 책을 썼는데, 아쉽지만 지금 여기에서 이 책에 대해 다룰 수는 없다. 기독교인의 삶이 금욕적이어야 한다고 말할 수는 없지만, 제3편에서 말하듯이, 그것은 십자가를 지고 주님 뒤를 따르는 삶의 태도여야 한다. 그렇다고 삶이 고통으로 가득 차야 한다고 말하는 것은 아니다. 오히려 그리스도인은 주님과 함께 있는 즐거움과 평안을 이해해야 한다. 물론 이 시대의 퇴폐적인 즐거움을 탐해도 좋다는 것은 아니다. 내 의견이지만, 오늘날의 목사들은 사명으로 살아갈 즐거움을 잃은 채, 소비시대의 공허한 즐거움에 빠질 위험이 있다.

칼빈의 설교가 거의 모두 연속적인 강해설교였다는 것은

잘 알려져 있다. 연속으로 한 것은 인위적인 텍스트 선택을 피하려 했기 때문이다. 이 밖에도 카테키즘 설교가 있는데, 이것은 성만찬에 참여하는 이를 위한 준비교육으로서 설교라고 부르지만, 사람들이 살아가면서 계속 듣게 되는 설교와는 종류가 달랐다. 강해설교라는 것은 성경본문을 단순히 바꿔 말하거나 성경에 대한 해설이 아니다. 설명을 하는 것은 지성에 호소하기 위한 것이 아니라, 영혼으로 들어가 말씀을 생활의 모든 면에 적용시키게 하기 위함이다. 칼빈의 설교는 주일뿐만 아니라, 주간에도 있었다. 그는 주일의 설교는 신약본문에서, 일주간 아침 설교는 구약본문에서 시작했다. 이는 같은 부분을 반복해서 사용하지 않고 성경 전체를 설명하려 한 것으로 보인다. 이처럼 칼빈은 설교자로서 성경에 대해서 깊이 연구하고 배운 바를 회중에게 깨우치고자 했다.

 칼빈이 설교 준비를 했는지에 대해서는 알 수 없다. 사실 칼빈의 경우 설교를 위해 많은 시간을 할애하는 것이 불가능했다. 교회 건설을 위한 분투와 과제가 그 정도로 바빴기 때문에 원고를 준비할 시간이 거의 없었다. 그러나 그의 생활의 전부가 준비된 설교였고, 그러기에 그의 설교는 모범적이라고 할 수 있을 만큼 밀도 높은 설교였다.

기독교강요란 어떤 책인가?

5. 장로직, 집사직

『기독교강요』에는 치리장로(治會長老)에 대한 언급은 거의 없다. 이는 『기독교강요』가 장로파 이외의 교회에도 읽힐 것으로 기대된 데다가, 장로직에 대한 규정이 확립된 것도 보다 후기였기 때문이다. 그러나 기본적인 것에 대해서 칼빈이 생각했던 것은 사실이다.

초대교회에 장로가 있었던 것은 사도행전에서 볼 수 있는데, 가톨릭교회는 교회의 직무를 일원화해서 장로의 위치를 감독의 부하, 즉 그들이 말하는 사제 아래에 두었다. 가톨릭이 말하는 사제의 원어는 '프레스뷰테로스'로, 이것은 신약성경에서 장로로 번역된 말이다. 칼빈은 이 직분을 다스리는 직분으로 회복하려 했다. 초대교회에 있어서 감독과 장로는 명칭만 달랐을 뿐 같은 직분이라고 칼빈 또한 생각했다. 하지만 교회를 다스리는 직분의 명칭이 성경에도 기록되어 있기 때문에 그것을 회복해야 한다고 보았다.

장로직은 교회치리(훈련)를 위해서 필요했다. 교회법정을 열어 처리해야 할 문제에는 규율이 있었는데, 당시 종교개혁 도시에서는 정부가 교회문제에 개입하는 것이 통례였다. 따라서 칼빈과 그의 동료들은 이러한 국가기관의 개입을 막고 교회의 독립을 지키기 위해서 노력했다. 그들은 교회가 자율적인 기관이 되게 하기 위해서는 장로가 필요하다고 생각했다. 이런 교회의 치리의 문제에 대해서는 뒤에 다시 고찰하고자 한다.

'교사' 직에 대해서는 『기독교강요』에 구체적인 언급이 거의 없다. 당시 개혁파 종교개혁에서도 교사직을 두지 않는 곳이 없지는 않았지만, 그런 경우는 목사가 교사직을 수행했다. 그런데 칼빈이 처음 제네바에서 맡게 된 일이 성경강의였는데, 이것은 교사의 직무에 해당하는 것이었다. 츠빙글리의 개혁 이래 많은 도시의 종교개혁에서 성경연구 시간은 목사 자신의 깊은 연구의 기회인 동시에 희망하는 신자들을 참석할 수 있게 하였고, 겸해서 설교자 양성기관의 역할을 했다. 이것이 후일 각 도시의 대학에서 신학부로 발전되어 갔다. 칼빈은 자녀들에게 카테키즘을 가르치는 직무가 교사에게 있다고 생각했다. 더욱이 교회가 일반교육의 직무도 담당해야 했던 시대였으므로, 교회의 직무로서 일반교육에 종사할 사람을 세웠던 것이다.

사도행전에서 보여주는 바처럼, 초대교회의 직분 중에도

가난한 사람들을 돌아보는 이들이 있었기 때문에, 개혁파 종교개혁에서는 이 직분의 회복을 시도했는데, 이를 가장 열성으로 실시했던 곳이 제네바였다. 사도행전 6장에 가난한 과부의 생계를 돌보기 위해 선택된 7인이 오늘날의 성경학자 사이에서 '장로'가 아닌가 하는 주장이 있으나, 개혁자들은 이 직분을 집사로 이해했다. 가톨릭교회는 집사직을 사제직의 하급직으로 보아 사제를 도와주는〈助祭〉위치로 보았다. 그래서 빈민이나 병자의 지원을 교회가 아닌 수도회가 실시했던 것 같다. 하지만 종교개혁은 이것을 교회 고유의 직무로서 회복해야할 과제로 보았다.

제네바에서 집사직은, 아직 종교개혁 교회가 비자립적인 단계였기 때문에, 도시의 복지 행정 담당자의 성격을 띠고 있었다.

6. 교회의 권위

그리스도께서는 교회의 사명을 효과적으로 수행하게 하기 위해서 사명을 수행할 수 있는 권능을 주셨다. 그것은 교회 그 자체를 위한 권위부여가 아니라 교회에 맡겨진 사명을 효과적으로 수행하게 하기 위한 것이었다. 이것이 권위 이해의 요점이다. 이 점을 통해서도 권위의 부여가 교회의 기능과 어떻게 관련되는가를 분명하게 알 수 있다. 즉 교회에 주신 권위는 가르치는 사명과 교회를 다스리는 사명을 위한 것이다.

가르치는 권위라는 말의 의미는 구원을 위해 위로부터 받은 가르치는 교리를 그대로 수용해야 한다는 뜻이다. 가르치는 사람이 취사선택의 권한을 갖는다고 말하는 것은 가르침의 권위를 부정하는 것이다. 이것은 가르치는 사람에게 권위가 있다는 것과는 다른 의미이다. 또한 가르침에 권위가 있다는 것은 가르치는 자의 도덕의 문제가 아니며, 가르치는 자와 가르침 받는 자의 약속도 아니다. 그것은 교회가 교회이기 위해 확정된 한 가지 사항일 뿐이다. 교회를 다스리는 권능에 있어서도 같은 경우라 할 수 있다. 교회에 바른 질서가 확립되지 않으면 직무를 완수할 수 없다. 다스리는 권위에 복종하지 않으면 교회의 일치와 질서는 유지되지 않는다. 여기서도 다스리는 사람의 권위를 주장하는 것은 아니다. 위임받은 직무에 권위가 부여되는 것이지, 사람에게 권위가 주어진 것은 아니다.

한 가지 주의할 점은 교회 질서를 유지한다는 명분 아래 사회의 기존 질서 유지를 주장할 위험이 있다는 것이다. 이는 신중하게 피해야 할 부분이다. 또 한 가지는 질서라고 할 때, 교회에서는 말씀의 직무와 연결되지 않은 질서는 생각할 수 없다는 것이다. 즉 질서가 잘 지켜지는 교회는 평온하거나 아무 일도 일어나지 않는 교회가 아니라, 선교와 봉사의 사명을 잘 감당하는 교회라는 의미이다. 앞에서 교회의 표식에 대해 말했지만, 교회의 표식이 분명한 교회가 바로 질서 있는 교회이다.

그리스도의 권능은 본래 그리스도로부터 위임받은 모임을 통해서 행사된다. 이러한 권능을 실수 없이 대행한다는 것은 어렵다. 아무리 영적인 은사를 풍부하게 받은 개인이라 해도 마찬가지이다. 물론 단체라 해도 실수가 없을 수는 없다. 다만 단체를 통해 인간의 잘못이 확인되기 때문에, 잘못이 비교적 적을 것으로 기대할 수 있을 뿐이다.

교회가 행사하는 권위는 무엇보다도 교리 또는 신앙의 조항들을 결정하는 권위이다. 이것이 결정되지 않을 때, 교회는 이른바 방향 잃은 배와 같아서 목적지인 구원의 항구에 도달할 수 없게 된다. 교리가 교회적으로 확정되지 않고 각각의 설교자의 재량에 맡겨진다면, 교회의 일치도 없게 된다. 하지만 교회의 결정은 성경에 입각한 결정이어야 한다. 이는 교회의 결정권이 성경의 권위를 넘어서서는 안 된다는 말이다. 교리의 결정은 이미 확인된 것이다. 교회는 질서를 지켜야 하는데, 각자가 마땅히 해야 할 일을 수행한다고 저절로 질서가 서는 것이 아니다. 교회가 결정하고, 각 개인은 그 결정에 따라야 한다. 그렇다고 해서 교회법이 바른 양심을 구속해서는 안 된다. 한편, 이런 권위의 행사는 회의에 의해 이루어져야 한다. 회의가 바른 기능을 하지 못할 때는 한사람 혹은 소수의 사람에게 권위가 집중되거나, 혹은 권위가 확산되어 어떤 것도 확정할 수 없게 된다. 그러나 모든 회의가 항상 올바른 것만도 아니다.

예수 그리스도께서 천국의 열쇠를 베드로에게 준다고 말씀하신 것을 가톨릭교회는 교회가 행사하는 재판권 또는 치리권(戒規權)이라고 해석했다. 이에 반해 개신교는 이 열쇠를 복음이라고 해석한다. 그러면 과연 교회의 권위를 대표하고, 또 집행하는 것은 누구일까? 이러한 교회정치 문제에 대하여 『기독교강요』는 그다지 자세히 설명하지 않는다. 때문에 교회정치의 여러 형태에 관심을 가진 이들이 칼빈을 연구해 왔는데, 결과적으로 칼빈은 장로제 교회 운영이 가장 타당하다고 생각했음에 틀림없다. 여하튼 교회정치 형태에 있어서 문제는 그리스도가 중심이 됨을 가장 잘 드러내는 제도를 추구해야 한다는 점이다. 앞서 언급했듯이, 일부에서는 규율, 치리(戒規)를 교회의 표식으로 보려고 했었다. 예를 들어, 존 녹스가 그렇게 생각했다고 스코틀랜드 신앙고백이 표명하고 있다. 이러한 표식이라는 것에 대해 칼빈은 찬성을 보류하지만, 그 중요성에 대해서는 칼빈도 충분히 인정했다. 따라서 일반적으로 개혁파 교회에서는 규율이 중시되었다.

이 문제를 추상적으로 혹은 역사적 연구로 논하는 것은 비교적 간단하지만, 오늘날 교회에 있어서 치리가 어떻게 시행되어야 하는가 하는 문제는 상당히 어려운 문제이다. 지금 여기에서는 네 가지 원칙적 사항만을 언급해 두겠다.

1) 교회의 독자적 권위 : 치리권(戒規權)을 국가가 행사하려는 시도가 자주 있었다. 이것은 영적인 지도와 상관이 없다는 것인데, 칼빈은 이 주장과 대립했다.

2) 성만찬과의 결부 : 구체적인 측면에서 성만찬의 바른 시

행을 위해 강권적으로 지도하고, 때로는 배찬(配餐)을 금하는 조치도 시행한다. 자격 없는 자의 수찬 금지 조치는 말할 것도 없는데, 이는 그리스도의 몸과 관계되어서는 안 되기 때문이다.

3) 마태복음 18장의 규정 : 형제가 죄를 범한 것을 알게 되었을 때는, 먼저 혼자 가서 두 사람만의 장소에서 충고하고, 회개를 권고한다. 만일 듣지 않으면, 두 사람 혹은 세 사람의 증인을 데려가 충고를 반복한다. 그런데도 듣지 않으면, 교회에 맡긴다. 교회법정은 이 순서를 지켜야 한다고 칼빈은 믿었다.

4) 훈련과 치리 : 훈련(Discipline)은 징벌의 의미를 포함한 권위 있는 치리이다. 외적 징벌이 효과를 나타내어서 회개를 하게 하느냐 마느냐가 문제이겠지만, 교회의 청결과 질서를 위해서는 이를 부정할 수 없다.

7. 성례전

 성례전의 올바른 집행이 교회의 두 번째 표식이다. 설교가 가장 중요하지만, 설교에 의해 전달되는 것을 이른바 봉인하는 것이 성례전이다. 그러나 성례전은 엄밀히 말씀을 기초로 하며, 말씀과 완전히 일치하는 것으로 행해져야 한다. 또한 성례전을 집행하는 자는 말씀을 섬기는 자여야 한다.

 설교는 단순히 전달해야 할 사항만 바르고 알기 쉽게 전달하는 것이 중요한 것이 아니라, 살아 계신 그리스도를 바르게 전달해야 한다. 이와 같이 성례전도 정해진 의식에서 조금도 벗어나지 않고 집행되는 것이 중요한 것이 아니라, 그리스도 안에서 진실해야 한다. 이것은 단순히 엄숙한 의식이나 그리스도의 임재를 느끼게 하는 실제 같은 연기가 되어서는 안 된다. 성령에 의하지 않고, 인간의 감각에 의해서 그리스도가 현재 임하시게 해서는 안 된다는 말이다.

 성찬론이 칼빈의 신학전체에 있어서 큰 위치를 차지한다는 것은 잘 알려진 사실이다. 이 이론에 집중하는 것은 이것이 그만큼 중요하기 때문이다. 성찬론에 의해 개신교 진영이 분열된 것으로 생각하는 사람이 있는데, 사실 그들이 열심히 논의한 것은 그만큼 내용에 성실했기 때문이다. 그들이 불성실하고 이해의 차이를 숨겼다면, 개신교는 분열되지 않았을 것이다. 개신교 사이에 일치를 위한 노력이 계속되었지만, 실제로 일치를 이루지는 못했다. 성찬론에 있어서의 분열은 20세기 후반에 가서야 종결되었다. 곧 1957년 『아이놀츠하인 제제(提題)』는 16세기 이래, 개혁파와 루터파의 대립이 근본적으로 극복되었다는 점을 확실히 보여준 것이다.

대부분의 경우, 교회분열이 교회적 필연성이 아닌 경우가 많은데, 그 중에는 서로의 차이를 진지하게 문제 삼지 않고, 문제시 되는 점에 대한 신학적 감각도 잃은 채, 생각 없이 동화되어 가는 움직임도 있는 듯하다. 하지만 칼빈을 따르고 배우는 사람들 사이에서는 예로부터 교회의 차이를 넘어서는 교류가 있었다. 예를 들면, 17세기에 화란에서 도르트 회의가 열렸을 때, 외국의 교회대표가 거기에 참가했던 것이 그 경우이다.

8. 시민 사회의 질서

종교개혁의 주류 교회는 교리의 체계 속에 국가질서에 대한 가르침을 포함했다. 이것은 급진적인 인물들이 교회와 국가의 완전한 분리를 주장한 것에 대한 비판이다. 그들은 국가질서를 악한 것, 혹은 필요악 정도로 생각하는 경향이 있다. 또한 그것을 하나님이 세우신 질서라고 생각하지 않는다. 오늘날 정교분리의 원칙에서 보면, 급진적인 사람들의 주장에도 어느 정도 올바른 점이 있다고 볼 수 있다. 다만 그 주장의 근거가 기독교인의 완전함이라든가, 영육 이원론, 혹은 정통적 기독교가 수용하기 어려운 이질적 원리였다는 점에 문제가 있다.

칼빈은 교회와 국가의 분리에 대해 생각하지 않았다. 오히려 그는 국가를 교회의 주변적인 것으로 보았다. 즉 국가는 교회를 돕고, 또한 교회에 봉사해야 한다는 것이었다. 물론 오늘날 일본 헌법에서 말하는 정교분리의 원칙은 비종교적인 원리에 근거한 것이므로, 이것을 절대시 할 수는 없다. 칼빈은 교회와 국가가 기능을 달리한다는 것은 명확히 파악하고 있었다. 따라서 국가는 교회의 영역을 침범할 수 없고, 교회도 국가의 영역에 침범할 수 없다. 그러나 쌍방 모두 하나님이 세운 제도이기에 분리되어서는 안 된다.

루터는 급진적 사람들의 주장에 대항해 두 왕국설을 제창했다. 여기서도 루터파의 율법과 복음의 이율배반 및 논의의 혼란과 현실로부터의 괴리를 볼 수 있다. 물론 칼빈에게도 두 개의 왕국이라는 표현이 있지만, 이를 이율배반적이라고 볼 수는 없다. 교회와 국가는 모두 하나님이 세우신 질서로서, 양자 간에는 기본적인 조화가 있다는 것이 교회와 국가의 분리에 앞서 칼빈이 지닌 생각이었다. 칼빈에게 있어서 정치의 이상이 귀족정치였다는 것도 무시할 수는 없다. 이는 고대 그리스 철학자의 정치적 이상을 계승한 것이었다. 즉 정치에 관계된 자는 일반 민중보다 뛰어난 은사를 가져야한다는 것이다. 이런 점에서 칼빈은 직접 민주주의를 좋아하지 않았다.

칼빈의 사상 가운데, 마지막으로 저항권(抵抗權)에 대해서 이야기해 보고자 한다. 위에 있는 권세는 하나님에 의해 세워진 선한 것이지만, 하나님의 제정에 반해서 잘못을 범할 가능성은 언제든지 있다. 그 때 이것에 저항하는 것은 합법적일 뿐만 아니라, 필요하기까지 하다. 다만 잘못을 범하는 권력에 대해 저항의 의무를 가진 자는 제한된다. 즉 왕에 대해서는 부왕(副王), 집정관(執政官)에 대해서는 호민관(護民官) 같은 제2의 직에 있는 사람으로 제한된다. 이것은 칼빈만의 특징이 아니었다. 당시 상당히 많은 기독교인의 공통된 생각이었다. 루터파나 가톨릭도 그러했다.

저항권 사상은 칼빈의 후계자 사이에서 활발히 논의되었다. 이 이론이 발전되어 인민의 저항이론이 되고, 결국 주권재민론에 가까워졌다는 점이 흥미가 있다. 그의 저항권 이론에 대한 상술이나 이 저항권 사상이 역사적으로 어떤 계보를 거쳐 칼빈에게 이르렀는가에 대한 언급을 여기서 할 수는 없지만, 그의 마음속에 이 이론을 지지할 생각이 있었다는 것을 고찰할 필요는 있다. 그것은 그가 단순히 휴머니즘적 사상가가 아니라, "진실로 두려워해야 할 분만 두려워하라"는 성경적 입장을 고수했기 때문이었다. 말하자면, 칼빈은 지상의 절대자를 인정하지 않는 신앙인이자, 논리가 애매하지 않은 이론가였으며, 이 세상을 보는 넓은 시야를 가진 선지자였다. 이것은 앞서 칼빈의 정신세계에서도 말한 부분이지만, 그의 저항권의 사상은 여기에 뿌리를 두고 있는 것이다.

부록 _ 질의응답

질문1

카테키즘으로서의 『기독교강요』와 신앙고백에 대해서 묻고 싶습니다. 칼빈은 구원교리 순서를 고려해서 『기독교강요』를 논술했다고 했는데, 이 강요나 칼빈의 사상이 현대교회의 어떤 신앙고백과 상응한다고 보십니까? 아래 네 가지, 곧

1. 신앙고백의 형식에 대하여
2. 이미 있는 신앙고백의 활용방법에 대하여
3. 새로운 신앙고백을 만드는 경우 적용되어야 하는 이념에 대하여
4. 교회에서 신앙고백을 배우는 방법에 대하여

말씀해 주십시오.

답변

너무 방대한 질문이기 때문에, 간추려 답변할 수밖에 없음을 양해해 주시기 바랍니다.

1. 신앙고백의 형식이나 명칭이 '신앙고백'이 아니더라도, 내용적으로는 신앙고백이라 말해도 괜찮은 것이 몇 가지 있습니다. 먼저 '신조'(信條)가 그렇습니다. 일본에서

는 종종 '신조'라 불리지만, 정식으로는 신앙고백으로 번역되어야 하는 경우가 개신교에서는 대부분입니다. 본래 신조라는 것은 '심볼룸'(Symbolum)의 번역입니다. 이 '심볼룸'은 고대교회가 만들어낸 고백형식입니다. 기본적으로는 세례시의 신앙고백인데, 이것은 짧은 문장들로 되어 있습니다. 그런데 이렇게 짧은 것은 개혁교회에서는 만들지 않았습니다. 짧은 신조에서는 오류를 없앨 수 없기 때문에, 종교개혁 이후에는 믿어야 할 것을 상세히 규정하게 됩니다.

반면 '조항'(Article)이라는 이름의 문서가 있습니다. 이는 교리조항을 조목별로 나열한 것으로, 가르칠 직무가 있는 자에게 있어 가르침의 기준을 규정한 것입니다. 하지만 교리를 가르치고, 교리에 대한 신앙이 표명되기 때문에 교리조항의 내용은 신앙고백과 똑같습니다. 교리조항의 경우는 가르치는 자의 자기확인으로, 각 조항의 서두가 "우리는 이렇게 가르친다"라고 되어 있는 경우가 많은데, 이는 신앙고백의 "우리는 이렇게 믿는다"라는 것과 같은 내용입니다.

'신앙문답' 혹은 '교리문답'으로 번역된 카테키즘도 신앙고백과 내용적으로는 같습니다. 예를 들면, 『하이델베르크 교리문답』은 교회의 신앙고백입니다. 카테키즘의 직접적인 사용목적은 연소자의 신앙고백과 준비교육을 위한 교과서입니다. 비록 규범이라는 의미는 아니었다고 생각할지 모르지만, 그 내용은 교리의 표명이므로 신앙고백이나 교리기준과 같고, 규범적인 의미를 지닙니다. 그리고 그 명칭대로 '신앙고백' 입니다. 신앙을 표명하는 문서를 '신앙고백' 이라고 하는 전례는 있지만, 이 명칭이 주류를 이루게 된 것은 1530년 『아우구스부르크 신앙고백』에 기울인 신앙고백서 제정의 노력에 의해서입니다. 『아우구스부르크 신앙고백』의 순서는 1. 고대교회에서 계승된 교리 항목에 따라서 가톨릭과 공통된 항목, 2. 교회개혁을 단호하게 주창한 교리 항목, 3. 실천영역에서 문제되는 항목의 순으로 나열됩니다. 얼핏 보면 정리되지 않아서 어수선한 것 같아 보이지만, 결코 무질서하게 항목을 나열한 것은 아닙니다. 신앙고백을 가르치는 순서로는 대체로 삼위일체론 형식이라 보는 게 좋겠습니다.

개신교의 신앙고백에서는 무엇보다도 논리적인 명쾌함이 요구되었습니다. 따라서 애매한 표현은 피해야 했는데, 그러다보니 상당히 길어질 수밖에 없었던 것입니다. 짧게 간추리려는 것은 신앙고백의 논리와 모순됩니다.

2. 신앙고백은 간판이 아니기 때문에, 걸어놓는 것만으로는 의미가 없고, 그럴 경우 점점 소용없게 될 수밖에 없습니다. 그것은 반복해서 확인되고 또 항상 교회에서 사용되어야 합니다. 고대의 신앙고백, 곧 신조는 간단하기 때문에 예배시에 소리 내어 읽을 수 있었습니다. 그러나 종교개혁기의 신앙고백은 길기 때문에 예배 중에 소리 내어 읽는 것은 무리였습니다.

신앙고백은 교리기준에도 있기 때문에, 설교자는 임직시에 이것에 따라 가르칠 것을 서약하고, 그 기준에 따라 설교해야 했습니다. 특히 이것은 세례 받을 준비나 신앙고백 준비에 이용되었습니다. 그런데 일단 신앙고백의 의식을 마치면 초보적인 가르침을 반복해서 배울 필요는 없지 않은가라고 생각할 수 있지만, 결코 그렇지 않습니다. 스코틀랜드나 화란 교회는 카테키즘 설교가 규정되어 있습니다. 이것은 칼빈도 받아들였던 것입니다.

설교자는 이런 신앙고백을 따른다고 서약했다면, 서약이

단순한 의식에 그치지 않게 하기 위해서라도 배움을 계속해야 합니다. 설교자는 신앙고백을 깊이 연구하고, 신앙고백의 해석을 공부해야 합니다. 성경이 해석되어야 하듯이 신앙고백도 해석되지 않으면 단순히 문자배열을 따르는 것이 되고, 그 의미가 점점 사라져 버리고 말 것입니다. 이렇게 되면 신앙고백이 부정확하게 적용되어 교회 안에서 생명 있는 것으로서의 기능을 상실하게 될 것입니다.

3. 새로운 신앙고백을 만들 필요가 있는가 하는 문제는 잘 생각해야 합니다. 신앙고백은 절대적인 것이 아니기 때문에 당연히 개정할 수 있습니다. 그러나 신앙고백은 기준이기 때문에, 또한 단순한 착상의 가설 같은 것이 아니라, 확인되고 그 표현도 애매하지 않으며 다듬고 다듬은 문장이기 때문에, 자주 변경할 만한 것이 못됩니다. 그렇게 간단히 변경할 필요가 생길 일은 없을 것입니다.

신앙고백이 올바른 기능을 하고 있다면, 교회가 그것을 바르게 가르치고, 또 가르침 받은 사람은 그것을 바르게 믿기 때문에 기본적인 개정은 그다지 없으리라 생각합니다. 종교개혁 이후 착실한 교회에서 이미 있는 신앙고백서를 파기하고 다시 만들어 제정된 실제 예는 거의 없습니다. 그러나 신앙고백을 배워가는 사이에 조문의 불완전함이 문제가 되는 일은 있습니다. 그런 경우에라도 바로 개정하는 것이 아니라 해석을 통해 본문에서의 부족한 점을 보충하기도 하고, 본문의 다른 면을 해석하면서 삭제하기도 해야 하는 것은 아닐까 생각합니다. 신앙고백의 해석은 앵무새처럼 흉내 내는 주술이 아니라, 신앙고백에 나타난 정신을 새로운 상황에 적용하는 것입니다. 해석이 정확히 이루어졌다면, 신앙고백의 기능이 불완전함에 빠지는 일은 없을 것이며, 따라서 새로운 것을 만들 필요도 그다지 생기지 않을 것입니다.

또 개정한다 해도 국부적인 개정으로 끝나는 경우가 대부분입니다. 이런 실례는 많이 있습니다. 그렇다고 해서 새롭게 만들 필요가 전혀 없는 것은 아닙니다. 물론 그런 경우도 생깁니다. 특히 너무 간단한 신앙고백의 경우 좀 더 확실한 것으로 다시 만들 필요가 간혹 있습니다.

4. 신앙고백을 교회에서 배우는 법에 대해서 답변하겠습니다. 이점에 대해서는 세 가지로 생각할 수 있습니다. 첫

째로 신앙을 고백하기 이전의 공부법, 둘째로 신앙을 고백하고 난 이후의 공부법, 셋째로 설교자의 공부법입니다.

이런 점에 대해서는 이미 말씀드렸기 때문에, 지금은 다만 연구의 태도에 대해서만 말씀드리겠습니다. 첫째로, 교리조항이 성경에 근거하여 만들어진 것이 분명하다는 각도에서 보는 것입니다. 신앙고백과 교리문답에는 성경이 투영되어 있는 것이 보통입니다. 이것은 교리조항을 우선으로 해서 거기에 맞는 성경의 부분을 무리하게 끌어온 것이나 또는 성경을 억지로 끼어 맞춘 것으로 생각하는데, 그렇지 않습니다. 그런 인상을 가졌다면, 신앙고백을 읽는 자세에 문제가 있는 것입니다. 성경에서부터 신앙고백이 나왔다는 점을 확신하고 읽어야 합니다.

둘째로, 신앙고백은 기존에 있던 것을 이어받아 만들어진 것으로서 독창적인 것은 아닙니다. 우리들 한사람 한사람의 신앙을 검토하더라도, 돌연변이처럼 선조도 없고 족보도 없이 갑자기 생겨난 것이 아니라, 교회에 의해 만들어지고 교육받은 것입니다. 신앙고백도 마찬가지입니다.

나는 4년 전까지 일본 기독교회신학교에서 신조학을 가르치고 있었는데, 매년 제네바와 하이델베르크와 웨스트민

스터 신앙고백서 등 3개의 카테키즘의 대조표를 만들 것을 학생들에게 과제로 내었습니다. 3개를 나열해 보면, 카테키즘이라는 것이 전에 있던 것을 이어받은 것이라는 점을 잘 알 수 있습니다. 이것은 조문 성립 역사의 분석이 아니라, 카테키즘과 신앙고백의 생명적인 핵심에 접근하는 것이라고 생각합니다. 기하학 정리를 배울 때, 그 역사를 배울 필요는 아마 없을 것입니다. 그러나 신앙고백에는 역사가 있습니다.

셋째로, 다른 몇 가지, 특히 같은 계열의 신앙고백과의 비교입니다. 비교를 통해서 우리는 차이와 유사성, 특색과 공통성을 발견할 수 있습니다. 신앙고백의 공부는 많은 사람에게 흥미 없는 것으로 여겨집니다. 그 증거로 신앙고백 연구에 관한 참고서가 거의 없습니다. 물론 연구 방법을 모르는 사람도 많을 것이라 생각됩니다. 연구 방법을 정착시키지 못한 것은 신학자의 태만입니다. 신앙고백에 대한 이야기는 자주 패턴화되는 경향이 있습니다. 이렇게 되면 바람직하지 못하기 때문에, 점점 더 꺼려하게 되는 것 같습니다. 하지만 사실 신앙고백 연구는 상당히 즐겁습니다. 현학적인 공부가 될 여지가 없고, 오히려 깊이 있는 지혜를 얻을 수 있습니다.

질문2

성화에 대해 묻고 싶습니다. 성령에 의해 그리스도와의 관계 속에서 성화된다는 칼빈의 이해는 기독론적 성화이해로 보이는데 맞는지요? 그리고 단 한번의 성화가 가능합니까? 아니면 성령에 의한 그리스도의 실존의 내용으로 이해해야 합니까?

답변

기독론적 성화론은 안 된다고 말하는 것으로 들리는데, 무엇이 안 된다는 것이지요? 성화를 기독론적이 아니라, 성령의 감화 또는 하나님의 힘의 직접적인 역사로 해석하는 시도가 있습니다만, 칼빈은 이 점에 대해서 반대합니다. 저는 이런 성화론이 강조되면 강조될수록 이상하게 되어 간다는 점을 강의 중에 언급했다고 생각합니다. 성화론이 자기모순에 이르지 않게 하기 위해서는 그리스도 안에서 이해할 필요가 있습니다.

나는 『기독교강요』를 번역한 후에 성구색인을 만들었습니다. 카드를 만들어 배열해 보면, 어떤 성구가 가장 많이 인용되었는지를 알 수 있는데, 그것은 고린도전서 1장 30절입니다. "너희는 하나님께로부터 나서 그리스도 예수 안에 있고 예수는 하나님께로 나와서 우리에게 지혜와 의로움과 거룩함과 구속함이 되셨으니"라는 부분입니다. 칼빈은 이 성구를 전심으로 좋아했습니다. 이 말씀처럼, 그리스도가 우리의 거룩함입니다. 그리스도를 소유하는 것, 그것이 우리의 성화인 것입니다. 그 이외의 성화는 없습니다. 우리의 거룩함이신 그리스도를 닮아가게 하시는 분이 성령이십니다.

단 한번의 성화가 가능하냐는 질문의 뜻을 잘 모르겠습니다. 그리스도와 결합되었다면, '단 한번으로 성화가 완성되는 것이고, 이것은 전혀 이상하지 않습니다' 라는 것에 대해 의문이 생기신건가요? 그리스도와의 결합은 단 한번으로 완성되는 것이 아닙니다. 따라서 성화는 지상의 생애 가운데는 완전하게 되지 않습니다.

이것은 성령의 실존하심으로 이해하셔도 괜찮지만, 성만찬에서 그리스도의 실존처럼 우리의 성령이신 그리스도가 우리 안에 계신다는 것으로 생각해도 좋은지 묻고 계시는 겁니까? 그것은 다만 기능적인 차이라고 생각합니다. 성만찬에 있어서 실존은 성례전의 집행 시간뿐입니다. 식이 끝나면 빵은 그냥 빵입니다. 그러나 그리스도가 나와 함께 계신다는 것은 영속적인 것입니다. 또한 실존은 그리스도가 거기 존재할 뿐 아니라, 나를 위해 현재 임하여 계신 것입니다.

질문3

모(Meaux) 개혁의 좌절에 대해서 좀더 구체적으로 가르쳐 주십시오. 일본의 교회도 그 좌절 원인과 같은 요인을 내포하는 듯한 기분이 듭니다. 극복할 수 있는 길까지 말씀해 주시면 좋겠습니다.

답변

모 지방 개혁에 대해서는 그 관계자의 동향과 연대에 대해 자세히 논할 준비가 지금 되어있지 않기 때문에 그것은 제외하겠습니다. 상세히 논한 책이 있다는 것은 압니다만, 지금 그 책의 이름이 생각나질 않습니다. 두 번째로 질문하신 문제, 일본의 교회에도 그러한 좌절요인과 같은 것이 있지 않느냐는 질문에는 저도 그렇게 생각한다고 밖에 말할 수 없습니다. 그 요인이 내용적으로 어떤 것인가에 대해서 나 자신도 줄곧 생각하고 있지만, 아직 확실한 것은 찾아내지 못했습니다. 다만 한 가지는 신앙이 관념으로 바뀌었기 때문에, 분쟁이 되지 않는 것이라고 생각합니다. 그리고 또 다른 한 가지는 제도적인 문제 혹은 제도상의 대표자 문제, 그리고 도덕적인 문제가 아닌가 합니다. 모 개혁 지도자가 불을 당긴 후, 개혁이 불타오른 뒤에는 모르는 체하거나 아니면 불을 아예 끄는 쪽으로 방향을 바꿔버리는 자세가 일반적으로 지도자라 불리는 사람, 특히 진보적 지도자라 불리는 사람들 중에도 잠재하고 있다고 생각하기 때문에, 남의 일로 보아서는 안 된다고 생각합니다.

저 자신이 지금 특히 생각하는 것은 지도자의 자세가 무엇인가 하는 문제입니다. 그들은 순교를 회피하는 길밖에 생각하지 않았던 것 같습니다. 모지방의 일과는 대단히 동떨어진 것 같은데, 순교라는 것에 대해서 저 개인의 문제의식, 또 그것을 깊이 파고들었던 과정을 이야기하겠습니다.

일본교회에서는 전쟁 중 나라를 위해서 희생하는 것이 기독교인으로서의 순교였습니다. 그것이 아니면 순교라는 것은 이제 없다는 의견이 공공연하게 이야기되었습니다. 그 이전의 것은 내가 경험하지 않은 일로 특히 자료를 조사해서 확인한다 해도 찾을 수 없습니다. 이전부터 교회 안에 순교를 중시하는 기풍이 없었다고 해도 과언이 아닙니다. 전후(戰後)에는 제가 아는 한, 순교에 대해서 가벼운 부정론을 말한 죄책감이라도 당사자에 의해 표명된 일이 전혀 없습니다.

저는 전쟁 전부터 기독교인이었는데, '순국 즉 순교'라든가 천황지배 원리의 뿌리에도 국가와 교회의 모순은 없기 때문에, 일본에서 순교는 없다는 논의가 팽배했을 때, 납득할 수 없다고 느꼈습니다. 하지만 반론할 힘이 없어서 순교문제는 보류해 둔채, 자기 자신이 전쟁에 나가 죽는 것은 순교와는 별개로 치부하고 군대에 들어갔습니다. 결국 저는 그런 의미부여가 모두 허망한 것이라는 것을 실제로 전장(戰場)에서 체험하고 돌아왔습니다. 그 이후 나라를 위해서 죽는 것에 의의를 부여하는 것을 허위라 확신하고, 청국신사(靖國神社)의 허위에 반대하게 된 것입니다.

순교문제는 계속 마음에 걸렸지만, 정면으로 이 문제와 싸울 것에 대해서는 주저하고 있었습니다. 내 속에는 순교에 대한 컴플렉스가 있었기 때문입니다. 그것을 알기에 긍정도 부정도 하고 싶지 않았던 것입니다. 하지만 더는 피할 수 없다고 생각하게 된 것은, 신사참배 반대로 옥사한 한국장로교회의 주기철 목사의 경우를 알고 나서입니다. 그는 일사각오(一死覺悟)라는 설교 중에 분명히 말했는데, 그는 순교의 준비를 설교했던 것입니다.

올해 4월, 주기철 목사 순교 53년 기념행사에 참가하기 위해 나는 뜻이 같은 사람들과 함께 서울에 갔습니다. 우리 일본 기독교회는 7년 전 대회(總會)에서 조선 장로교회에 신사참배를 결의시키기 위해서 구 일본기독교대회(舊日本基督敎大會) 의장과 그 외 지도층이 정부와 협력하고 설득하러 간 죄의 책임을 오늘 우리가 이어받고 있다는 것을 표명하고 정식으로 사죄할 것을 결의했습니다.

이런 결의는 한 번 실행한 것으로 끝나지 않기 때문에 여기 표명된 생각을 지속하기 위해 주기철 목사의 기념회에 출석했던 것입니다. 일본기독교에서 여섯 명의 사람이 갔습니다. 가기에 앞서 회장에서 읽을 사죄문을 새로 만들었는데, 그 문서의 초안을 잡고 다시 생각하게 되었습니다. 예수님께서 선조에 의해 죽은 예언자의 비를 손자가 세우는 허위를 날카롭게 판단하시겠다는 말씀이 있습니다. 우리들은 여기에서 한 걸음 나서야 할 것을 두려워했습니다. 선조에 의해 죽임당한 순교자를 높이는 일(顯彰)을 손자가 했다는 점에서 그것은 위선일 수 있습니다. 위선이 되지 않는 길은 단 한 가지 우리들이 새롭게 거듭나는 것뿐이라는 것을 깨달았습니다.

주기철은 신사참배 반대운동의 지도자였고, 그의 설교를 듣는 교회성도에게 있어서도 지도자였습니다. 그는 사람들에게 순교하라고 가르치지는 않았지만, 지도자인 자신은 순교해야 한다는 것을 잘 알고 있었고, 또 그렇게 할 것이라고 결단했습니다.

고대교회는 상당히 많은 순교자를 냈지만, 그들 대부분은 교회지도자였습니다. 순교라는 것은 죽음으로 그리스도가 주되심을 증명하는 것으로 그 자격은 묻지 않았는데, 순교자를 특히 떠받드는 것은 후세의 풍습입니다. 순교자에게 성인(聖人)이 되는 공적을 주려는 것이 아니라 그렇게 하지 않으면 안 되었던 것입니다. 지도자인 감독은 특히 직무상 당연한 것으로 순교했습니다. 참된 목자는 늑대가 왔을 때, 양을 버리고 도망가지 않고, 양을 위해 목숨을 버립니다. 결국 순교와 지도자의 직무가 연결되어 있다는 것을 우리들은 깨닫게 됩니다. 지도자는 순교요원이라고 말하면 조금 이상할지 모르지만, 순교하지 않으려는 자는 지도자가 될 수 없다고 생각합니다.

칼빈의 문제로 돌아가서, 칼빈도 제가 지금 말한 것처럼 생각하지 않았을까요? 그가 신학교에서 양성한 교회지도자들은 적잖게 순교했습니다. 그들은 그런 각오로 박해 아래 있었던 프랑스로 향했던 것입니다. 이것은 모 개혁 지도자와는 확실히 다른 자세였습니다.

길게 말했는데, 교회 지도자에게 순교의 준비가 되어 있다면, 그야말로 진정한 교회 지도자라고 나는 생각하게 되었습니다. 내 자신이 작은 무리의 지도자이지만, 아무리 무리의 규모가 작더라도 양을 위해 목숨을 버릴 각오가 있어야만 지도자라는 이름의 가치가 있다고 생각합니다.

질문4

예정론에 대해서 여쭙겠습니다. 종교개혁의 예정론에 대해 공부하려면 어떤 책을 읽으면 좋겠습니까?

답변

결론부터 말하자면, 예정론을 이해하기에는 칼빈의 『기독교강요』를 꼼꼼히 읽는 것 이상으로 좋은 참고서는 없다는 것입니다. 비록 칼빈이 이에 대해서 길게 논하기 때문에 끝까지 읽기에는 인내가 필요할지 모르지만, 칼빈이 일부러 둘러서 표현하는 것이 아니라, 이것만큼은 신중하게 말할 필요가 있다고 느꼈기 때문입니다. 그러므로 이 신중함을 그냥 지나쳐서는 중요한 것을 간과하는 것이 되겠지요.

예정론을 논하는 좋은 책이 없다는 것은 아닙니다. 간단하게 정리되어 이해하기 쉬운 책은 있지만, 지금 말했듯이 단순화에 함정이 있다고 생각합니다. 칼빈의 예정론에 비판적인 바르트의 주장은 결론적으로 반대하지만, 그 나름대로 재미있는 데가 있습니다.

기독교강요란 어떤 책인가?

저자후기

1997년 9월 30일부터 10월 2일까지 3일간, 일본 고베개혁파 신학교에서 행한 12시간에 걸친 특별강의 때의 원고가 바로 이 책이다. 당시 전체를 여섯 강좌로 나눈 원고를 준비했었는데. 이 원고에서 불필요한 것을 없애지 못한 채 강의에 임했고, 게다가 원고에 없는 것을 여기저기 끼워 넣었기 때문에 시간 안에 다 마치지 못하고, 원고 마지막 부분인 제6강은 시간을 초과해 버렸다. 늙은이가 되어 이것저것 이야기가 길어질 것을 알기에 마음먹고 주의하려 했는데, 계획대로 끝내주지 못해서 정말 부끄러울 따름이다.

하지만 이처럼 이 강의를 출판할 기회가 주어졌기 때문에 당시 강의에서 생략한 부분도 전부 수록할 수 있게 되었다. 또 마지막 시간은 질의 응답시간이 있었는데, 그 내용도 수록했다.

처음 원고에서는 '칼빈의 정신세계'가 1강이었는데, 그것을 제2강으로 돌리고 '책으로서의 『기독교강요』의 성립과 구성'에 대해 논한 것을 제1강으로 편집했다. 이것이 더 적절하다고 생각된다.

인쇄할 즈음에 문장에 다소 수정이 있었지만, 거의 원고 그대로이므로 실제로 강의한 내용에 가깝다. 칼빈의 『기독교강요』를 논함에 있어서 여기서는 다루지 못한 점이 많지만, 여러 부족을 감추기보다는 은혜의 원천이었던 강의로 기념하는 편이 낫다고 생각했다. 또한 가능한 한 빨리 인쇄에 들어가는 것이 좋을 것이라고 생각했다.

고베개혁파신학교가 특별강의라는 이름으로 다른 교파의 목사인 나를 초청해주신 점과, 이 강의를 신학생뿐만 아니라, 많은 목사님과 장로님, 그리고 여러 신자들이 열심으로 청강해 주신 일은 강의하는 저에게 큰 자극이 되었다. 우리 신앙의 공동의 조상인 칼빈을 배움으로써 우리들의 뜻이 통일되어 주의 영광을 위해 함께 섬길 수 있었던 것을 감사한다.

1997년 10월 31일 종교개혁 기념일에

기독교 강요란 어떤 책인가?

와타나베 노부오 지음
이상규 · 임부경 옮김

초판 1쇄 2009년 5월 13일
2쇄 2013년 3월 15일

펴낸곳 SFC출판부
(137-803) 서울특별시 서초구 고무래로 10-8 2층 SFC출판부
Tel. (02)596-8493 Fax. 0505-300-5437
홈페이지 www.sfcbooks.com   **이메일** sfcbooks@sfcbooks.com

ISBN 978-89-93325-13-3 03230

값 9,000원

잘못 만들어진 책은 언제든지 교환해 드립니다.